· 세계를 일주한 최초의 일본인
· 미국유학생 제1호 일본인
· 영-일역출판 제1호 일본인

최초의 글로벌 동양인
존 만 지 로

오카자키 히데타카 원저
김 현 용 옮김

Academy House
學 士 院

- 세계를 일주한 최초의 일본인
- 미국 유학생 제1호 일본인
- 영-일번역 출판 제1호 일본인

최초의 글로벌 동양인

존 만지로

2017년 2월 15일 인쇄
2017년 2월 20일 발행

원저자 : 오카자키 히데타카
옮긴이 : 김 현 용
발행인 : 장 세 진
발행처 : 학 사 원

대구광역시 중구 서문로2가 38-3
전화 : (053) 253-6967, 254-6758
팩스 : (053) 253-9420
등록 : 1975년 11월 17일 (라120호)
정가 13,000원
ISBN 978-89-8223-095-0 93830

※ 본서는 (株)新日本出版社(田所 稔)와의 계약에 의해
  대한민국 학사원이 독점 출판합니다.

이 책을 한국 젊은이들에게 드립니다.

원저자 서문

나카하마 만지로는 일반적으로 '존 만지로'라 불리지만, 정작 본인이 그렇게 자신을 소개한 적은 없습니다. 그래서 필자는 나카하마 만지로(万次郎)로 통일했습니다.

고기잡이를 나가 표류해 생사의 갈림길에서 운 좋게 살아남은 만지로의 소년기부터 청년기에 걸친 이야기는 마치 한 편의 드라마를 보는 것같이 흥미진진합니다. 그리고 이국땅에서 다부지게 살아가는 모습은 감동적이며, 만지로의 일생은 오늘을 사는 우리들에게도 배울 점이 많습니다.

여기까지는 어느 정도 소개된 내용이지만 자신의 나라를 위해 진력(盡力)한 만지로의 활동에 대한 이야기는 그렇게 많이 소개되지 않았습니다. 만지로는 근대화시기에 일본역사를 진보시키는데 큰 공헌을 한 인물이었지만, 역사의 그늘에 가려져 간과(看過)되어 왔습니다. 그 일차적인 이유는 만지로가 자신을 알리지 않고 공적(功績)을 자랑하지 않았기 때문입니다.

필자는 오래전부터 나카하마 만지로의 일생에 주목해왔습니다. 언젠가 만지로의 일생을 나만의 역사관과 인물관에 입각해 적어보고 싶었습니다.

일본의 봉건사회에서 자란 만지로는 미국의 민주주의를 경험한 후 일본사회에 기계문명의 발전과 더불어 시민적인 민주주의를 실현시키고자 했습니다.

후쿠자와 유키치(福澤諭吉)는 만지로에게 영어를 배운 제자로 일본에 서구문명을 소개한 인물이지만, 그는 서구의 민주주의를 받아들이지는 않았습니다. 겸손하고 성실한 삶을 산 만지로와는 대조적이라 생각합니다.

 실력보다 신분으로 인간의 가치를 결정하는 시대에 태어난 만지로는 가난한 어부라는 것만으로 업신여김을 받아야 했습니다. 하지만 미국에서 귀국한 만지로는 당시의 일본에서 서구문명을 전할 수 있는 유일한 사람이었기 때문에 막부에 꼭 필요한 존재였습니다. 그럼에도 불구하고 '일본을 개국시키려는 스파이'로 의심받아 감시당하고 활약이 제한된 그로서 자신의 능력을 충분히 발휘하지 못한 점은 변혁기 일본에 있어 큰 손실이었습니다.

 만지로는 오랜 쇄국으로 사실상 위기에 처한 일본을 개국시켜 새로운 시대로 이끌고 간 중요한 인물입니다. 그의 업적을 만지로의 삶과 더불어 읽어가시기를 바랍니다.

 본서를 저술하는데 있어 많은 문헌을 참고했습니다. 특히 돌아가신 나카하마 히로시(中浜博)의 저서 『나카하마 만지로－미국을 처음으로 전한 일본인』의 자료를 많이 활용했음을 밝힙니다. 이 자리를 빌어 감사의 마음을 전하는 바입니다.

 또한 도사(土佐) 지역 방언에 대해 지도해주신 니시무라 다쓰코(西村多津子) 씨와 약동적이고 훌륭한 그림을 그려주신 시노자키 미츠오(篠崎三朗) 씨에게 감사의 말씀을 전합니다.

 그리고 이 책을 출판하는데 큰 도움을 주신 신일본출판사 단지 교코(丹治京子) 씨와 보이지 않는 곳에서 힘든 작업을 해 주신 출판사 여러분들께 진심으로 감사드립니다.

2014년 12월
오카자키 히데타카

추천서

　히로시마대학의 김현용 선생님과 일본 대학교의 무도교재 저술에 대한 논의 중, 느닷없이 『존 만지로』 책을 손수 번역한 파일을 메일로 보내주시면서 "한국에 이책을 꼭 소개하고 싶다"는 소신을 피력해왔습니다. 그래서 파일을 출력하여 밤늦도록 읽었습니다. 읽을수록 '만지로'라는 한 개인의 삶 속에서 순수한 열정과 그의 애국심에 감동되어 A4용지 160쪽의 분량을 다 읽어 내려갔습니다. 역자가 이 책을 한국에 왜 소개하고 싶었는지를 이해하게 되었습니다.
　만지로는 작은 어촌 마을에 가난한 어부의 아들로 태어나 이미 8살 때 아버지를 여의고, 열세살의 소년이 자기집을 돕기 위해 마을 부자집으로 가서 절구질로 쌀을 찧어가며 힘든 노동품을 팔아야만 했습니다.
　만지로는 그의 아버지처럼 어부가 되고 싶어 열네살에 접어들면서 고기잡이 배를 타고 희망에 부푼 출어를 합니다. 그날이 1841년 1월 27일(음력 정월 초닷새)이었습니다. 출어한지 사흘 후 폭풍을 만나고 무서운 해류 구로시오(黑湖)에 휘말리어 표류하기 시작하여 태평양 위의 작은 섬 도리시마(鳥島)에 표착합니다. 여기서 동료들과 함께 한 143일의 무인도생활 가운데, 천우신조로 6월 27일(음력 5월 9일) 존 하우랜드호에 구조됩니다.
　만지로의 생애는 여기서부터 달라집니다. 그것은 휘트필드 선장을 만나 새로운 삶을 살게 된 것입니다. 표류하지 않았거나 휘트필드 선장을 만나지 않았다면 일평생 어부로 살다가 생을 마칠 그에게, 그 개인은 물론 그를 낳아 준 조국 일본을 위한 인물로 성장하게 된 것입니다.

　만지로는 어렸습니다. 휘트필드 선장은 만지로의 영민함과 순수한 마음, 몸을 아끼지 않는 희생정신을 보고, 또 일본에 돌아가도 테라코야(寺子屋)에서 조차 공부할 수 없다는 처지를 들었기 때문에, 미국으로 데려가 친절히 보살피고 적성에 맞는 학교를 주선하여 공부를 시키게 됩니다.

　만지로도 열심히 공부했습니다. 그리고 그의 마음 속은 애국적인 열정과 신념을 품었기 때문에 선진 미국땅에 주저앉지 않고, 우여곡절을 겪으면서 자기 나라로 돌아와서 겸손하게 자기에게 맡겨진 일에 열성과 소신을 다합니다.

　서구열강의 외세가 밀려올 때 쇄국정책을 고수해온 도쿠가와 막부 말기의 세계는 많은 변화를 거듭하였으며, 그간 일본이 나가사키의 데지마(出島)가 230여년 동안 유일한 무역·문화 수입창구로 문물을 받아들이는 데서, 변화의 바람은 미국을 중심으로 한 새로운 세계정세 개편의 시기를 맞았기 때문입니다.

　만지로가 미국에서 공부한 지식과 견문이 일본에 꼭 필요한 것이었기 때문에 그는 죽음을 무릅쓰고 자기가 본 미국의 선진문명을 배운대로 본대로 열심히 알리고 현장에서 가르칩니다. 그런 그에게 구태의연에 빠진 사람들은 그를 어부의 아들이라고 업신여겼고, 진실을 말해도 몰이해로 믿어주지 않았고, 일부 악덕 대관은 그를 미국의 스파이로 몰아 붙이고, 심지어 그를 죽이려고 했습니다.

　그러나 만지로는 항시 겸손했고, 가슴이 따뜻하고 진취적이어서 남들에게 무언가 자기가 가진 것을 죄다 주려고 했기 때문에 자기를 지켜갈 수 있었습니다. 또한 진보와 개혁을 위해 자기를 필요로 하는 곳이라면 위험을 무릅쓰고 직위와 대우가 어떻든 간에 겸손히 열정적으로 자기를 바쳤습니다.

　만지로는 미국에서 공부하기 전 포경선을 타고 세계를 일주하였고, 공부를 한 후에도 일등항해사로서 한 번 더 세계를 일주합니다. 그때 일본의 쇄국정책으로 인한 선원들로부터 멸시와 야유를 받았습니다. 그리고 그들은 이런 쇄국일본을 무력으로 쳐부수어야 한다고 했습니다.

　또한 후진국 일본이 서양의 앞선 문명을 받아들여 국가를 부강시키지 않으면 식민지 국가로 전락할 것을 깨달았기 때문에, 문호개방과 근대화를 위해 적극적으로 구미사정을 알리고자 난관을 무릅쓰고 귀국했으며, 막부의 수장 앞에서도 죽음을 각오하고 소신을 피력했습니다.

　만지로는 미국에서 공부한 것을 자기 조국에 실천한 인물이 되었습니다. 만지로 그는 영웅도 아니고, 풍운아도 아니며, 그렇다고 많이 배운 학자도 아니었지만, 그 시대가 요구하는 선구자로 역사적 사명을 다한 인물이 된 것입니다.

　나는 이 번역원고를 여러 번 읽고, 우리 한국실정에 맞게 편집하도록 출판사와 상의하면서 추천자로 이름을 올리는 영광을 얻게 되었습니다.

　우리 한국의 젊은이들도 만지로와 같은 신념의 사람이 되기를 소망하며, 또한 많은 분들이 읽어주기를 추천하는 바입니다.

2016년 12월
대구보건대학교 스포츠재활학과 교수
김 우 철

번역자 서문

　역자는 오래 전부터 존 만지로라는 인물에 많은 관심을 가지고 있었습니다. 그리고 그동안 몇 권의 만지로 관련 서적을 읽은 적이 있었습니다. 그러던 중 2015년 8월 서점에서 오카자키 히데타카씨의『지구를 처음 돈 일본인 만지로(地球を初めてめぐった日本人、万次郎)』저서를 발견하고, 서점에서 선 채로 반 이상을 읽었습니다. 이야기가 너무 흥미진진하고 재미있었기 때문입니다.

　종래의 만지로 연구서와 만지로 관련 소설은 만지로의 표류기, 혹은 미국생활에 주안점을 둔 것들이 많은 반면, 귀국 후부터 임종까지의 활동을 소개한 내용이 부족했습니다. 하지만 저자는 만지로의 유소년기, 표류기, 무인도생활, 포경선원생활, 미국생활, 귀국도전기, 귀국후 활동, 그리고 그의 마지막 생애에 이르기까지 최신연구 성과를 반영해 사실에 가까운 만지로 상(万次郎像)을 재미있고 알기 쉽게 그려냈습니다.

　이는 저자가 일본에서 성공한 아동문학가이자, 역사에 해박한 지식을 가지고 있었기 때문에 가능했을 것입니다. 출판허가를 받기 위해 저자와 연락을 취하는 사이에 2016년 저자가 향년 87세로 고인이 되셨다는 사실을 알게 되었습니다. 이 책은 저자가 출판한 마지막 작품입니다. 저자가 서문에서 밝히고 있듯이 혼신의 열정을 쏟아붓고, 오랜 연구와 고심 끝에 세상에 내놓은 작품입니다.

　만지로는 일본인 미국 유학생 제1호입니다. 미국 사회에도 만지로의 이야기가 알려지면서 1987년 만지로의 고향 고치현 도사 시미즈시와 만지로가 유학했던 페어헤이븐과 뉴베드퍼드가

자매도시 협약을 맺게 됩니다. 이때 포드 대통령의 초대로 일본 천황 부처가 페어헤이븐과 뉴베드퍼드를 방문해 큰 화제가 되었습니다. 이를 계기로 1990년대 초 만지로가 일본 사회에서 재조명되면서 관련연구서와 서적들이 많이 쏟아지게 됩니다.

2016년 올해 일본문부과학성은 이 책 『만지로』를 청소년 독서권장 추천도서로 선정했습니다.

요즘 한국 젊은이들이 향상심(向上心)을 잃었다는 이야기를 자주 듣습니다. 향상심은 그 개인 자신을 발전시킬 뿐만 아니라, 그 나라를 발전시키는 원동력이라 생각합니다.

이 책은 독자들에게 꿈과 용기를 심어줄 것입니다. 아무쪼록 우리의 청소년들이 이 책을 많이 읽어주었으면 좋겠습니다.

부족한 번역서를 마음으로 정독해주시고 기꺼이 추천글을 써 주신 대구보건대학교 김우철 교수님, 서울대학교 사범대학 최의창 교수님께 진심으로 감사드립니다. 두 분 교수님께서는 부족한 본인을 너그러이 봐주시고 격려해 주시는 분들이십니다. 항상 감사하는 마음으로 살겠습니다.

"선비는 자기를 알아주는 사람을 위해서 목숨을 걸고, 여인은 자기를 사랑해 주는 사람을 위해서 화장을 한다(士爲知己者死, 女爲悅己者容)"는 사마천의 『사기열전』편의 예양(豫讓)의 고사가 생각납니다.

마지막으로 어려운 출판환경에도 불구하고 출판을 승낙해 주신 학사원의 장세진 사장님께 이 자리를 빌어 깊이 감사드립니다.

2016년 12월
역자 김현용 배상

목 차

- 원저자 서문 ·· 4
- 추천문 ··· 6
- 번역자 서문 ·· 9

제1부 조난과 표류, 그리고 구조

1. 가난한 어부의 아들, 만지로 ·· 17
2. 견습어부가 되어 출어하는 만지로 ···································· 23
3. 폭풍과 구로시오 해류에 휘말리다 ···································· 28
4. 도쿠로섬의 신천옹 ·· 34
5. 무인도 생활 143일 ··· 39
6. 존 하우랜드 호에 구조되다 ·· 45
7. 휘트필드 선장을 만나다 ·· 51
8. 포경선의 조수가 되다 ·· 56
9. 호놀룰루에 입항, 동료들과 헤어지다 ······························ 61

제2부 미국유학, 귀국도전과 귀향

10. 미국에서의 생활과 공부 ·· 69
11. 인종차별하는 나라 미국 ·· 76
12. 나무통 만들기 수업 ·· 79
13. 포경선 플랭클린호 1등항해사(부선장) ························ 82
14. 만지로의 귀국도전 ·· 88
15. 귀국자금 마련을 위한 캘리포니아 금채취 ················ 95
16. 하와이 사람들의 선의와 데몬 목사 ···························· 100
17. 드디어 류큐국에 상륙하다 ·· 103
18. 류큐·사츠마·나카사키에서 조사받다 ························ 107
19. 단풍이 물든 아름다운 고향에 돌아오다 ···················· 113

제3부 막부등용과 근대화 참여

20. 막부에 하급무사로 등용되다 ·· 119
21. 페리함대 흑선의 출현 ·· 122

22. 만지로, 에도 막부에 불려 가다 ·· 125
23. 미·일회담이 시작되다 ··· 131
24. 단노 테츠와 결혼하다 ··· 137
25. 영어교습과 포경사업 지휘 ·· 140
26. 간린마루의 태평양 횡단 ·· 145
27. 해군사관 만지로와 존 브룩과의 우의 ······································ 150
28. 미국을 목격한 일본 해군장교들 ··· 153
29. 오가사와라의 치치섬과 하하섬 일본영토 확정 ······················· 159

제4부 결혼생활, 부인과 사별, 후진양성

30. 부인 테츠와의 결혼생활 ·· 165
31. 위험한 구입품 – 성서 ·· 169
32. 부인 테츠와의 슬픈 이별 ·· 174
33. 만지로의 목숨을 노리는 사람들 ··· 177
34. 가고시마 개성소 교수부임과 철제증기선 구입 ······················ 181

35. 도사번의 개성관 교수부임과 무역선 구입 ·················· 186
36. 불타오르는 사츠마번 저택 ·· 194
37. 에도 후카가와 시모(下) 저택을 하사받다 ················· 202

제5부 유신의 불씨 만지로의 삶과 임종

38. 근대화를 위한 구미시찰단원이 되다 ························ 209
39. 제2의 고향 방문 – 휘트필드 선장님과의 해후 ·········· 213
40. 어머니, 데몬 목사, 휘트필드 선장님 별세 ················ 217
41. 구두쇠 나카하마 만지로 ·· 221
42. 유신의 불씨 만지로의 조용한 임종 ·························· 227
• 존 만지로의 일생 ··· 229
• 참고문헌 ·· 232
• 여록(餘錄) ··· 233
• 역자 후기 ··· 237

제1부 조난과 표류, 그리고 구조

1. 가난한 어부의 아들, 만지로
2. 견습어부가 되어 출어하는 만지로
3. 폭풍과 구로시오 해류에 휘말리다
4. 도쿠로섬의 신천옹
5. 무인도 생활 143일
6. 존 하우랜드호에 구조되다
7. 휘트필드 선장을 만나다
8. 포경선의 조수가 되다
9. 호놀룰루에 입항, 동료들과 헤어지다

존 만지로 관련 사진 자료 (1)

출어하는 만지로와 동료들

존 하우랜드 호

1. 가난한 어부의 아들, 만지로

철썩! 철썩!
 태평양의 거친 파도가 암벽에 부딪혀 부서지는 소리가 끊임없이 들려온다. 이곳은 일본 시코쿠(四國) 아시즈리갑(足摺岬) 나카노하마(中ノ浜)의 해변 마을이다.
 역자주: 이곳은 오늘날 고치현(高治縣) 도사(土佐) 시미즈시(淸水市)에 위치한 작은 어촌 마을이다. 이곳에 '존 만지로 자료관'이 있다.

 만지로는 양지바른 마당에서 따분하게 쌀찧기 절구질을 하고 있다. 나카노하마 마을의 한 부잣집에서 품삯을 받고 일하는 중이다. 그는 벼의 겉껍질인 왕겨를 떨어낸 현미를 돌절구에 넣고 절굿공이를 들어 올렸다 내렸다 하는 단순한 작업을 반복하고 있다. 쌀은 절구질 횟수가 거듭될수록 쌀알들이 서로 부딪혀 하얀 모습을 드러냈다.
 절굿공이는 어린 만지로의 힘에 겨웠다. 점차 어깨가 무거워지면서 더 이상 절굿공이가 위로 올라가지 않고 허리가 휘청거렸다.
 만지로는 절굿공이를 잠시 내려놓고 바다를 멍하니 바라보았다. 눈 앞에 감청색 바다가 끝없이 펼쳐졌다.
 '바다는 정말 넓구나! 보물로 가득 찬 저 바다에서 고기를 잡으며 살고 싶다.'
 정월이 얼마 남지 않았다. 오늘 따라 바닷바람이 얼굴을 찌르듯이 차갑게 느껴졌다.
 '쌀 찧는 일은 정말 따분해. 이걸로 벌써 세 절구 째다. 잔모

래를 조금 넣고 찧으면 훨씬 빨리 백미가 될 텐데 말이야.'

만지로는 머리를 써 효율적으로 일하고 싶었다.

'해변 모래는 쌀보다 알이 작으니까 나중에 채로 걸러내면 될 텐데…'

그저께 만지로는 꾀를 부리다가 집 주인 아저씨께 들켜서 혼나고 말았다.

"이 녀석아! 쌀에 모래를 섞으면 어떻게 해!"

만지로는 집 주인 아저씨에게 발로 걷어 차여 마당에 나가 떨어져 엉덩방아를 여러 번 찧었다.

"이 녀석아. 장난을 해도 정도가 있지. 나 원 참! 두 번 다시 이런 짓을 하면 마을에서 아예 쫓아내 버릴 테다."

만지로가 8살 때 아버지 에츠스케(悅助)는 병으로 돌아가셨다. 그의 아버지는 가난한 어부였다. 사람들은 만지로의 어머니를 시오(志を)라 불렀다. 만지로의 어머니는 생선 말리는 일을 돕거나 잡일을 해서 만지로의 형과 두 명의 누나, 그리고 여동생 등 다섯 명의 아이들을 키우고 있었다. 형 도키죠(時蔵)가 병약해서 일가는 만지로의 벌이에 의지하고 있었다.

만지로는 자신의 손바닥에 생긴 굳은살을 바라보고 있었다.

'어머니께서는 내가 품삯을 받아 오기만을 기다리고 계실 텐데…'

'역시 모래를 넣어야 빨리 찧을 수 있어. 아무도 보지 않으니까 들키지 않을 거야.'

오늘은 주인 아저씨가 마을 모임에 가고 집에 없었다.

'하지만 또 다시 야단맞으면 안 되지. 역시 그만 두자.'

마음 속에서 들려오는 소리에 잠시 망설였지만, 만지로는 결국 쌀 속에 모래를 섞고 말았다. 만지로는 그래야 일을 빨리 마칠 수 있다고 생각했다. 만지로는 다시 힘을 내 절굿공이를 들어 올려 쌀을 찧기 시작했다.

그런데 갑자기 집 주인 아저씨가 돌아왔다.

"야 만지로! 너 일하고 있니? 그런 짓만 안 하면 너도 꽤 쓸 만한 녀석인데 말이야."

주인 아저씨의 목소리가 점점 가까이 들려왔다. 아저씨는 만지로 쪽으로 다가오고 있었다.

만지로는 들키기 전에 재빨리 비탈길을 달려 도망쳤다. 등 뒤에서 만지로를 향해 소리치는 주인 아저씨의 목소리가 들려왔다. 만지로는 너무 무서워 머릿속에 아무 생각도 나지 않았다.

'이제 더 이상 이 마을에서 못 살겠구나.'

비탈길을 달려 내려 온 만지로는 해변에 닿았다. 만지로는 옷을 벗어 소나무 가지에 걸어두고, 훈도시(남성의 음부를 가리기 위한 폭이 좁고 긴 천)만 입은 채 바다로 뛰어 들었다. 그리고 해안으로 헤엄쳐 나아갔다. 파도가 매우 거칠었다. 만지로는 물보라를 여러 번 맞았다. 한 겨울 바다는 너무 차가웠다. 몸이 얼어 오면서 마음대로 움직일 수 없었다. 큰 파도가 마치 만지로를 집어삼킬 기세로 계속해서 덮쳐왔다.

날이 저물어도 만지로가 돌아오지 않자, 만지로의 어머니는 점점 불안해졌다. 결국 만지로 어머니는 집 주인 아저씨를 찾아갔다. 만지로가 한 일, 그리고 일하던 도중에 달아난 이야기를 듣고, 만지로 어머니는 고개를 들 수 없었다. 그저 머리를 조아려 용서를 빌 뿐이었다.

만지로의 어머니는 자신을 책망했다.

'내가 지금까지 만지로를 너무 고생만 시켰구나. 품삯을 벌어 오라고 잡일만 시키고 제대로 된 일 하나 시키지 못했어. 벌을 받아야 할 건 만지로가 아니라 바로 나야.'

만지로가 해변으로 달려 내려갔다는 것 외에 전연 행방을 알 수 없었다.

'만지로가 없으면 우린 어떻게 살지!'

만지로 어머니는 친척들과 마을 사람들에게 아들을 찾아달라고 부탁했다. 모두 횃불을 들고 만지로를 찾아 나섰다.

"만지로야 만지로, 너 어디 있니!"

바다를 헤엄쳐 나아간 만지로는 어느 해안에 도착했다. 거기에는 머리와 수염이 하얀 할아버지가 배를 수리하고 있었다.

"어이! 너 정말 기운이 좋은 녀석이구나. 자 이걸로 몸을 닦아라."

만지로는 할아버지가 주신 수건으로 물기를 닦았다.

"고맙습니다. 하지만 전 추위 따위에 지지 않아요."

만지로가 도착한 곳은 이웃 마을인 오하마(大浜) 해변이었다. 그리고 가까운 숲 속으로 뛰어갔다.

숲 속에는 작은 신사가 하나 있었다. 신사 안을 들여다보니 하얀 천이 걸쳐져 있었다. 만지로는 신사 안으로 들어갔다.

"하룻밤만 빌려주세요."

천을 몸에 둘둘 말아 바닥에 누웠다. 그래도 추웠다. 너무 추워서 잠을 잘 수 없었다. 만지로는 생각했다.

'역시 내가 나빴어. 쌀에 모래를 넣고 도망친 건 나야. 아저씨께 가서 용서를 빌어야지.'

새벽녘에 만지로의 삼촌이 신사에 누워있는 만지로를 발견했다. 만지로가 몸에 아무 것도 걸치지 않았다는 이야기를 들은 어머니는 입을 옷을 준비해 달려왔다.
"만지로, 어서 이 옷을 입어라. 어서 돈사(방한복)로 몸을 덥혀라."
돈사는 낡은 천을 여러 장 겹쳐서 누벼 만든 어부들을 위한 도사지역 특유의 방한복이었다. 이 옷은 장차 아들이 어부가 되면 주려고 만지로가 잘 때 몰래 만들어 둔 것이었다. 만지로는 어머니가 만든 돈사에 얼굴을 파묻었다. 만지로는 왈칵 쏟아지는 눈물을 돈사로 가렸다. 돈사에서 어머니의 따뜻함이 전해져 왔다.
"죄송해요. 어머니! 하지만, 쌀 찧는 일을 계속하고 싶지 않아요. 전 어부가 되고 싶어요. 어부가 돼서 어머니를 편하게 모시고 싶어요."
"그래, 이 엄마가 나빴다. 너에게 고된 일만 시켰구나. 넌 이미 다 큰 남자다. 그래 어부가 돼서 선장도 해야지."
어머니는 자세를 바로 잡고 만지로의 눈을 가만히 쳐다보며 말했다.
"아들아! 일이란 원래 힘든 거란다. 힘들지 않으면 그게 일이겠니. 일에는 책임이 따른다. 이 세상은 말이다. 일을 할 때 자신의 책임을 다하지 못하는 사람을 필요로 하지 않는단다."
"그래요. 어머니, 이젠 두 번 다시 일을 적당히 하지 않을 게요. 어머니 앞에서 맹세해요."

다음 날 만지로는 포구(浦口)로 갔다. 길이 4칸(약 7.3미터) 정도 크기의 고기잡이배가 잡아 온 물고기들을 끌어올리고 있었다. 그곳에는 이웃 마을 해안가에서 어제 만난 마츠죠(松造) 할아버지가 서 있었다.

"그러고 보니 너 시오의 아들이었구나. 씩씩해 보이는 것이 제법 쓸 만하다. 그래, 아버지처럼 어부가 되고 싶으면, 이제 설설 탈 배를 정해야 하지 않겠니?"

"마츠죠 할아버지, 저는 만지로라고 합니다. 곧 14살이 됩니다. 절 고용해 줄 선장님을 찾고 있습니다."

"마침 잘 됐다. 이 배 선장은 우사포(宇佐浦)에서 온 어부다. 내가 제일 신뢰하는 선장이지."

"선장! 낚시를 가면 말이야, 제 형이 물고기 한 마리도 못 잡아도 이 녀석은 어떻게든 물고기를 몇 마리라도 가지고 집으로 돌아가는 녀석이라네."

마츠죠의 말은 들은 선장은 만지로에게 말했다.

"그래, 그렇다면 정말 기대되는구나! 어부가 되고 싶다면 내 배를 타도 좋다."

이렇게 어부의 꿈은 순조롭게 이루어졌다.

1840년도 저물어 가는 음력 12월 25일, 만지로는 우사포 출신 어부 후데노죠(筆之丞) 밑에서 일하게 되었다.

역자주: 우사포(宇佐浦)는 오늘날 고치현(高知縣)에 있는 작은 어촌 마을이다. 만지로는 우사포에서 첫 출항을 했다. 이곳에 출항기념비가 있다.

2. 견습어부가 되어 출어하는 만지로

흰 돛이 바람에 날리며 펄럭이는 소리가 들려온다. 무한히 펼쳐진 넓은 바다, 그 속은 바다의 보물로 가득 차 있다. 만지로는 숨을 크게 들이켜 태평양의 바다 냄새를 맡았다. 그러자 자신이 마치 바다 사나이가 된 것 같이 느껴졌다.

"고에몽(五右衛門) 형님! 전 바다가 정말 좋아요. 바다는 빛으로 가득 차 있잖아요."

"그래 그래, 처음 배를 타면 모두 그렇게 생각하지. 하지만 말이다. 어부는 폭풍을 만나면 바다 밑 물귀신이 되어 사라질 수도 있다."

"전 하나도 무섭지 않아요. 우린 바다 사나이잖아요."

고에몽은 선장 동생으로 만지로 보다 한 살 위인 15살이었다. 만지로는 고에몽을 친형처럼 생각하고 따랐다.

1841년 1월 27일(음력 정월 초닷새날), 드디어 처음으로 고기잡이를 나가게 되었다. 만지로를 포함한 다섯 명의 어부는 후데노죠(筆之丞)의 배에 올라탔다. 견습어부 만지로는 밥을 짓거나 낚시 바늘에 미끼를 꿰어주거나 낚아 올린 고기를 정리하는 잡일을 맡게 되었다.

"새해 첫 출항이다. 자! 올해는 어떤 한 해가 될지 우리의 운을 한 번 시험해 보자."

선주는 출어를 허락했다. 2박 3일의 일정이었다.

어장은 우사포에서 서남쪽으로 14, 15리(일본의 1리는 약 4킬로) 정도 떨어진 곳이었다.

첫째 날, 만지로 일행은 농어와 고등어 떼를 노렸지만 한 마리도 잡지 못했다. 그 날 밤은 곶 근처에 닻을 내리고 배에서 선잠을 자야 했다.

'어부들이 왜 물고기를 못 잡는 걸까?'

만지로는 이해가 되지 않았다.

초엿새 날도 고작 열 네, 다섯 마리의 작은 물고기 밖에 잡지 못한 채, 삼일 째를 맞이했다.

'오늘이야 말로 꼭 잡겠다.'

일행은 오늘은 꼭 만선을 하겠다고 다짐하며 아시즈리갑(足摺岬) 동쪽 수마일 떨어진 곳으로 배를 돌렸다. 바람이 강해 돛을 내려야 했다. 파도가 높게 일고 차가운 바람이 매섭게 불어왔다.

그런데 일출 전에 갑자기 전갱이 떼가 몰려와 쉴 틈도 없이 잡혀 올라오기 시작했다. 은색 비늘을 번쩍거리며 펄떡펄떡 뛰어 오르는 전갱이가 마치 재미있다는 듯이 배 위로 올라왔다.

바다 한가운데서 맞이하는 일출은 바다를 눈부신 황금 세계로 변화시키고 있었다. 붉게 타오르는 태양에서 배까지 온통 금색 물결이 출렁이고 있었다.

드디어 선장의 얼굴에 여유가 돌았다.

"이 정도라면 선주를 뵐 낯이 생겼다. 가능하면 고등어와 농어도 가득 잡아 돌아가자."

선주는 배 주인인 도쿠에몽(德右衛門)을 말하는 것이었다. 후데노죠는 도쿠에몽에게 고용된 선장이었다.

어부들에게 이렇게 물고기가 잡혀야 살맛이 나는 법이다. 어획량이 적을 경우에는 예정된 날짜를 넘겨서라도 고기를 잡아야 했다.

"이 정도면 만선이다. 예정대로 돌아갈 수 있겠지?"

선장이 동생 쥬스케(重助)에게 물었다. 올해 스물네살이 된 동생 쥬스케도 만족한 표정이었다.

그런데 오전 10시경이 되자 갑자기 돌풍이 불어와 배가 심하게 흔들리기 시작했다.

"돌풍이 너무 심하다."

선장의 목소리가 높아졌다. 북서풍이 북동풍으로 변하자, 갑자기 용솟음치듯이 검은 구름이 덮쳐왔다.

"도대체 저게 뭐지? 소용돌이다. 마치 용꼬리 같다."

"아니, 저건 회오리다. 이쪽으로 빠르게 다가오고 있다."

눈 깜짝할 사이에 바다는 무서운 얼굴로 변하고 말았다.

하얀 파도에서 이는 물보라가 얼굴에 튀겨 부딪혔고 배가 이리 저리 밀리며 삐걱거리기 시작했다.

도라에몽(寅右衛門)과 쥬스케가 두 정의 노를 잡고 열심히 젓기 시작했다. 나머지 세 명은 돛대를 뽑아 눕혔다.

도라에몽은 노련한 어부였다. 그는 선장 옆집에 살면서 뭐든지 척척해내는 25살의 믿음직한 젊은이였다. 바다에서 잔뼈가 굵은 선장 후데노죠는 당황한 기색 없이 능숙하게 파도를 헤쳐 나아갔다.

회오리가 점차 배에서 멀어져 가자 만지로는 배 안으로 들어가 밥을 짓기 시작했다. 주먹밥을 다 만들었을 무렵에는 물보라도 안정되어 배를 세우고 휴식을 취할 수 있었다.

"이제 한숨 돌렸으니, 주먹밥을 먹으면서 상황을 지켜보자."

아직 바닷물이 흐려져 있었다. 고기잡이용 물안경(하코메가네)으로 물 속을 들여다보던 도라에몽이 갑자기 들떠서 소리쳤다.

"선장님! 고등어 떼가 몰려 왔어요. 어! 도미도 보입니다. 바다 속 어장이 정말 좋습니다."

"좋다. 여기에 줄을 치자. 줄 열 개를 내려라."

선장 후데노죠의 지시가 떨어지자 일행은 일사불란하게 굵고 길게 꼰 모릿줄을 바다에 둘러쳤다. 부목이 붙은 줄은 바다에 가라앉지 않았다. 줄 사이에는 간격을 두고 많은 가짓줄에 낚시바늘이 달려있었다. 낚싯줄에 달린 바늘에는 만지로와 고에몽이 꿰어 놓은 멸치가 달려있었다. 낚싯바늘에 달린 멸치가 물 속에서 헤엄치고 있었다. 바늘에 미끼를 꿰는 일은 눈이 핑핑 돌 정도로 바쁜 일이었다. 하지만 줄을 바다에 내리는 사람은 마음이 급하기 마련이다.

"야! 너희들 꾸물꾸물 거릴래. 어서 빨리 서둘러라."

"야! 고에몽 빨리 못 해. 만지로보다 늦잖아."

열 개의 줄을 전부 내리기도 전에 고등어 떼들이 입질을 시작했다.

"저기 봐라. 입질을 시작했다. 이번에는 이쪽도 입질을 시작했다."

고등어가 끊임없이 올라왔다. 배에 기름이 꽉 찬 고등어가 은빛을 번쩍이면서 올라왔다.

"됐다. 이걸로 만선이다."

모두 고등어잡이에 정신이 팔려 있는 동안, 서쪽에서 검붉게 드리워진 구름이 생기기 시작하더니 바다가 기분 나쁜 어둠에 휩싸였다.

"이런! 큰일 났다."

그 순간 갑자기 북서풍이 윙윙거리는 소리를 내면서 배를 덮쳤다.

"모두 줄을 끌어 올려라. 물고기는 신경쓰지 말고, 서둘러라. 날씨가 사나워질 것 같다."

모두 급하게 줄을 끌어올리기 시작했다. 바다의 변화는 눈깜빡할 사이에 일어났다. 배가 마치 나뭇잎처럼 흔들리고 바닷물이 배 안으로 흘러들어 왔다.

"틀렸다. 그만하고 줄을 끊어라."

끌어 올린 줄은 모두 여섯 개였다. 나머지는 바다에 버릴 수밖에 없었다.

"서둘러라! 어떻게 해서든 해안으로 가야 한다."

노를 잡은 쥬스케와 도라에몽은 혼신을 다했지만, 큰 파도는 배를 집어삼킬 기세로 정면에서 덮쳐왔다.

선장 후데노죠는 정면에서 덮쳐오는 파도를 피하지 않고 넘었다. 만일 겁을 먹고 배를 돌렸다면 옆에서 쳐 오는 파도에 배가 버티지 못했을 것이다. 선장의 담력이 절실히 요구되는 순간이었다.

그들 주위에는 한 척의 배도 보이지 않았다.

3. 폭풍과 구로시오 해류에 휘말리다

큰 물결이 다가오면 뱃머리가 하늘로 향하고, 물결이 배 위로 쳐오면 배 꽁무니가 공중으로 떴다 내렸다 했다. 그 순간 방향키를 놓치자 노가 공중을 저었다. 배는 거의 통제할 수 없는 지경이 되었다.

고에몽은 이를 꽉 깨물었다.

"만지로! 배가 부서질 것 같다."

"뭔 말씀을 하시는 겁니까? 이런 파도나 바람에 배가 부서지면 그게 배겠어요. 바다 사나이는 이 정도 배가 흔들리지 않으면 맥이 풀린다고요."

배 밑 칸에 살아있는 낚시 미끼가 헤엄치는 활어조(活魚槽: 잡은 물고기를 저장해 두는 저수조)가 있었다. 그곳에 파도가 들어와 그 무게 때문에 배의 움직임이 둔해졌다. 배의 밑바닥에 괸 물을 어부들은 감수(淦水)라 불렀다.

만지로와 고에몽은 배의 대들보(멍에: 駕木)에 기대어 물통으로 감수를 퍼내기 시작했다. 큰 파도가 치면서 배가 파도를 타고 공중으로 떴다가 갑자기 바다 수면으로 떨어져 내렸다. 둘은 그때마다 대들보에 가슴을 부딪쳤다. 아픔은 참을 수 없었지만 아프다고 말할 상황이 아니었다.

일행은 필사적으로 아시즈리갑(足摺岬)으로 가려고 했지만, 역풍이 심하게 불어오고 성난 파도의 방해를 받아, 배는 계속 육지쪽에서 점점 바다로 밀려나가고 있었다.

"배가 동쪽에서 남쪽으로 밀려왔다. 하지만 조금만 더 가면 아시즈리갑이 보일 거다. 모두 긴장을 놓지 마라. 온 힘을 다해 노를 저어라."

이미 해안에 도착해야 할 시간이었다. 등대불이 보이지 않았다. 배는 여전히 폭풍우가 심하게 몰아치는 바다 한 가운데 있었다. 배가 삐걱거리는 소리에 만지로도 마음이 약해지기 시작했다. 게다가 비까지 내리고 있었다.

쥬스케가 잡고 있던 노에서 갑자기 '탁'하는 소리가 들리더니 노 손잡이가 부러져 노가 파도에 휩쓸려 떠밀려갔다. 파도의 힘은 상상이상으로 강했다.
"빌어먹을! 큰일이다. 어부의 생명인 노를 잃고 말았다."
비가 더욱 거세게 쏟아지더니 이번에는 진눈깨비로 변했.
추위에 온 몸이 얼 것 같았다. 손발이 곱아들면서 마음대로 움직이지 않았다.
도라에몽이 자신의 언 손을 녹이려고 뱃전에 대고 두드리면서 잠시 한 손을 놓은 순간이었다. 뱃바닥에 매어 노에 걸어 놓은 줄이 풀려나, 노가 바다 위에 떠 있는 것이 보였다. 놀란 도라에몽은 노를 잡으려 했지만 노는 배에서 금새 멀어져 갔다. 멀어져 가는 노를 잡으려고 몸을 일으키려던 도라에몽은 하마터면 파도 때문에 고꾸라질 뻔했다.
"앗! 위험해요!"
만지로가 도라에몽의 하반신을 엉겁결에 꽉 잡았다. 만지로는 체중을 실어 구르듯이 도라에몽을 배안 쪽으로 끌어당겼다.
노를 어이없이 파도에 빼앗기고 만 것이다.
한 숨을 쉴 여유조차 없었다. 다시 파도가 왈칵 덮쳐왔다.

"파도에 노를 빼앗겼다."

"어엇, 정말 큰일이다."

다섯 명은 우뚝 서서 칠흑같은 암흑 속으로 사라진 노를 찾으려 했지만, 노는 그 어디에도 보이지 않았다. 소리치듯 불어오는 바람과 미친 듯이 날뛰는 파도와 물결 때문에, 방향키가 마음대로 움직이지 않았다.

밤 10시경, 배는 이미 인간으로서 제어할 수 있는 통제범위를 벗어나 있었다.

"대자대비하신 부처님!"

"관세음보살님! 문수보살님! 보현보살님!"

손을 모으고 생각나는 부처님의 이름을 죄다 부르며 기도했다. 만지로도 눈을 감았다.

'이 모든 것을 하늘에 맡깁니다.'

만지로는 손으로 더듬어 손잡이가 달린 물통을 잡았다.

"뱃바닥에 괸 물을 퍼내지 않으면 행운도 따라 오지 않을 거예요."

배에 물이 괴면 뱃전이 낮아져 파도의 해수가 넘쳐들어 오기 쉽다. 전력을 다해 물을 퍼내지 않으면 신도 우리를 도울 수 없다. 쥬스케와 도라에몽도 열심히 고인 물을 퍼냈다.

물결치는 소리가 커지면서 배가 심하게 흔들리고, 바다가 배를 마음 대로 가지고 놀고 있었다. 갑자기 고에몽이 큰 소리로 울기 시작했다.

"선장님! 이젠 우린 어떻게 되는 겁니까?"

"이 바보야! 그러고도 남자냐?"

선장 후데노죠가 주먹으로 고에몽을 갈겼다.

끽끽하며 배가 삐걱거리는 소리가 계속 들려왔다. 만지로는 불안해 혼이 나갈 지경이었다. 그래도 만지로는 자신이 해야 할 일만을 생각했다.

'차가워진 몸에는 따뜻한 죽이 최고다.'

손으로 더듬어 솥에 쌀과 물을 붓고, 조리용 난로에 땔나무를 넣어 부싯돌로 불을 붙였다. 하지만 배가 흔들려 솥에서 물이 쏟아졌다. 추위에 손이 얼어 부싯돌로 불을 붙일 수도 없었다. 그래도 만지로는 포기하지 않고 자신의 손을 비비면서 계속해서 부싯돌을 부딪치자 드디어 불이 붙었다. 줄어든 물을 보탰다.

배가 심하게 흔들려 솥뚜껑이 바닥에 떨어졌다. 솥 안의 물과 쌀이 쏟아질 것 같았다.

'어떻게 해야 할까?'

만지로는 반사적으로 솥뚜껑을 몸으로 덮었다.

"앗 뜨거!"

배가 흔들려도 물을 엎지르지 않을 방법은 이것 밖에 없다고 생각해서였다.

몸으로 뚜껑을 덮은 채 장작을 넣었다. 죽이 되자 사발에 죽을 담아 나누어 주었다.

"아! 이제 좀 살 것 같다. 만지로! 고맙다."

모두 기뻐하며 죽을 훌쩍 훌쩍 마셨다.

거친 바다와 추위, 암흑 속에서 불안을 견디면서 지새운 음력 1월 8일 이른 아침이었다. 만지로가 무심코 소리쳤다.

"선장님! 육지가 가까운 것 같아요. 저기 집이 보여요."

"저긴 무로토갑(室戶岬)일 게다. 저곳이라면 감시대가 있을 거다. 어서 저곳에 가서 도움을 청하자."

감시대는 고래를 발견하기 위해 세운 망루였다. 표류선을 발견하면 구조선을 보내줄 터이다. 무로토는 같은 도사(土佐)에 속한 지역이었다.

"여기예요. 여기 도와주세요."

"어이! 안 들리는 거야? 도와줘!"

손에 수건을 들고 흔들면서 있는 힘을 다해 소리쳤다. 하지만 아무리 소리쳐도 태풍에 소리가 묻혀 들리지 않았다. 감시대에서는 아무런 반응이 없었다.

'신마저 우리를 버리신 건가?'

배는 썰물에 속절없이 바다로 밀려 나아갔다.

"하지만 보세요. 아직 육지가 보여요."

구름 저편에 기슈(紀州)의 산들이 희미하게 보이다가 무심하게 사라져 갔다.

갑자기 비가 눈으로 바뀌더니 이번에는 눈보라가 치기 시작했다.

1월 9일도 북서풍이 세차게 몰아치고 거친 파도가 쳐 배가 삐걱거렸다. 바다 표면은 기분 나쁜 검은 색이었다.

"저 바다가 지옥으로 가는 강이 아닐까요?"

선장은 이렇게 말하는 고에몽을 꾸짖었다.

"재수 없는 소리 하지마라."

1월 10일은 바람이 약해졌지만 배 속도가 갑자기 빨라졌다.

만지로는 그 이유가 궁금했다.

"선장님! 왜 갑자기 배 속도가 빨라진 겁니까?"

"배가 구로시오 사이에 들어간 것 같다. 구로시오는 가다랑어와 참치들이 이동하는 바다의 고속도로 같은 곳이다. 하지만 배가 구로시오를 타면…", '세상 끝까지 데리고 가 버린다'고 차마 만지로에게 말할 수 없었다.

출어한지 7일째, 1월 12일 드디어 날씨가 갰지만 풍랑은 여전히 높았다.

밥 짓는 것도 마지막이었다. 더 이상 밥을 지을 물이 남아 있지 않았다. 배 안에 남은 생선들이 썩어 비린내가 진동했다. 이대로 계속 표류하다간 전원이 굶어 죽을 판이었다.

만지로 일행은 뱀처럼 구부러지면서 냉수를 피해 우회하는 구로시오에 내몰려 도리지마(鳥島)라는 섬에 표류하게 되었다. 해류가 다시 굽어 흐르지 않는 한 생존 가능성은 희박했다.

구로시오(黑潮): 해류의 대사행(大蛇行)
구로시오는 태평양 최대의 해류이다. 구로시오는 필리핀 동쪽 해역에서 발원해 대만 동쪽, 일본 남쪽을 거쳐 북위 35도 부근에서 동쪽으로 굽어 흐르는 해류이다. 일본열도를 따라 폭 약 100킬로, 1분에 90미터의 속도로 흐르는 난류로 바다색깔이 남흑색이다. 수년에 한 번 일본 도카이(東海) 지방 먼 바다에 대냉수괴(大冷水塊)라는 것이 발생한다.

역자주: 냉수괴(冷水塊)는 주위 해수보다 수온이 약 10° 정도 낮은 해수지역을 말한다. 구로시오가 일본 도카이(東海)지방, 기이(紀伊)반도에서 남쪽으로 사행(蛇行)하는 시기에 구로시오와 일본 바다 사이에 존재하는 원형의 차가운 해수를 말한다. 이 냉수지역이 형성되면 구로시오는 이를 피해 남쪽으로 우회해 보소(房總)반도 쪽으로 향한다. 이를 '구로시오의 대사행'이라 부른다.

4. 도쿠로섬의 신천옹

출어 8일째, 정월 열사흘(음 1월 13일)이 되었지만 눈에 보이는 건 그저 하늘과 바다뿐이었다. 일행의 불안함도 거의 한계에 다달았다. 배는 계속 흘러갈 뿐이었다. 식량과 물은 이미 바닥난 상태였다.

'이젠 틀렸다. 이대로 가다간 배가 세상 끝까지 흘러가고 말 거야.'

네 명은 서로 붙어서 쓰러져 자고 있었다. 하지만 만지로는 포기할 수 없었다. 혹시 지나가는 배나 섬이 보이지 않을까 하는 실낱같은 희망을 가지고 끊임없이 눈알을 굴리고 있었다.

그때였다. 저 멀리 하늘에 작은 점이 움직이는 것이 보였다.

'혹시 저게 새가 아닐까?'

순간 희망이 생기기 시작했다.

"야! 섬이다. 전방에 섬이 있을지도 몰라요."

만지로의 말을 들은 네 명은 후다닥 몸을 일으켜 세웠다. 먼저 선장이 일어나 만지로가 말한 쪽을 바라보았다.

"정말 움직이고 있구나. 저게 새라면 반드시 근처에 섬이 있을 거다. 만지로! 너 정말 먼눈(멀리 보는 눈)이 밝구나. 모두 섬이 보이는지 잘 찾아 봐라."

다음 날 열나흘(14일)에는 무리지어 나는 새들을 발견했다.

"섬이다. 저 섬을 놓치면 우린 끝장이다. 자, 지금부터 내 지시에 따라 모두 널빤지로 배를 젓는 거야. 알겠지?"

폭풍 때문에 눕혀 놓았던 돛대를 다시 세우고 돛을 올려 쳤다. 이제 키(방향 타)를 사용할 수 있다. 흐르는 조수에서 벗어나기 위해서는 돛을 쳐 널빤지로 배를 저으면서 가속할 필요가 있었다.

널빤지는 폭이 넓고 두껍고 무거워서 배를 젓기에는 보통 힘든 일이 아니었다. 모두 허기져 있었지만 살고 싶은 마음은 하나였다. 죽음이 아닌 삶을 선택한 이들의 의기투합은 필사적이었다.

가까이 다가가 보니 그곳은 마치 꿈 속에서나 있을 법한, 새들로 가득한 섬이었다. 흰 색의 큰 새들의 무리가 하늘을 가득 메워 어지러이 날고 있었다. 파도에 흔들리면서 바다 수면에 앉아 쉬는 새들도 셀 수 없을 정도로 많았다.

'저기 섬 산기슭 쪽이 왜 하얀 걸까? 구름인가 아니면 꽃인가?'

가까이 다가가서 본 일행은 놀라지 않을 수 없었다. 섬 한 쪽 비탈이 모두 새들 무리로 꽉 차 있었다.

"저건 도쿠로(藤九郎)다"

도쿠로는 신천옹이라 불리는 큰 바닷새를 말하는 것으로 도사 인근 바다에서도 본 적이 있는 새였다.

역자주: 신천옹(信天翁: albatross)은 철새이다. 러시아의 베링해 연안·캄차카 반도·쿠릴 열도에서 무리지어 10월 하순~11월 중순에 일본의 이즈제도(伊豆諸島)와 도리시마(鳥島)·센카쿠제도(尖閣諸島) 등에 머물러 1개의 알을 낳고(7×10cm 크기), 62~65일을 암수가 교대로 알을 부화시켜, 새끼는 5개월이 지나야 둥지를 떠나 어미와 함께 북쪽으로 돌아간다. 이들은 바다 위에서 생활하며, 먹이는 물고기·새우 등이다. 신천옹의 색깔은 머리·목이 밤색, 등면이 흰색, 어깨깃이 어두운 밤색, 꽁지깃이 검은색, 부리는 누런색, 다리는 재밤색이다. 한번 날개를 펼치고 날기 시작하면 퍼덕이지 않고 일주

일 가량 날 수 있으며, 방향은 물칼귀를 폈다 접었다 하며 조정한다.

"굉장하다. 여긴 도쿠로섬이다."

배를 돌려 섬 북쪽으로 갔지만 깎아지른 절벽이 배의 상륙 자체를 거부하고 있었다. 게다가 도저히 배를 댈 수 없었다.

"여긴 도깨비 섬이다. 우린 모두 도깨비들에게 잡아먹히고 말 거야."

고에몽은 방금이라도 울음이 쏟아질 것 같았다. 고에몽의 말대로 암벽과 절벽으로 둘러쳐진 섬은 보는 것만으로도 사람을 두렵게 만들었다.

"어차피 배가 바다로 흘러가 버리면 우린 죽을 몸이잖아. 섬에는 물과 먹을 게 있을지 몰라."

쥬스케가 말했지만, 고에몽은 아무런 대답도 없었다. 이때 만지로가 다시 제안했다.

"식사당번으로서 부탁을 드립니다. 상륙할 장소를 발견하기 전에 우선 먹을 생선을 잡는 게 어때요? 물고기가 많이 있으니까 새들이 있는 거잖아요? 미끼는 배 안에 있는 썩은 물고기를 사용해 봐요."

구로시오의 흐름 속으로 들어간 배는 멈추지 않고 계속 움직였다. 일행은 우선 파도가 약한 곳을 골라 닻을 내렸다. 만지로가 낚싯줄을 내리자마자 입질을 시작했다. 제일 먼저 20여 센티 정도의 빨간 물고기가 올라왔다.

"와! 잡았다. 잡았어. 어때요?"
"정말 굉장하지 않아요. 쏨뱅이예요."
"만지로! 잘난 체 하지 마라. 이걸 봐라."

쏨뱅이는 도미를 닮았지만 지느러미의 가시가 강한 생선이다. 고에몽도 도라에몽도 연달아 대어를 낚았다. 일행은 잡은 물고기로 회를 쳐 먹었다. 먹을 것이 몸에 들어가자 모두 활력이 되살아났다.

일행은 다시 배를 섬 남동쪽으로 돌렸다. 파도가 비교적 약하고 평평한 해변이 보였다. 큰 파도를 타고 배를 해안에 바짝 갖다 댔다. 그런데 끽끽 하는 소리가 났다. 배가 바위에 걸리고 만 것이다. 배가 전혀 움직이지 않았다. 이번에는 밀려오는 물결에 배가 두둥실 위로 올라갔다가 물결이 다시 밀려오자 다른 바위에 충돌해 배가 전복되고 말았다.

그 충격에 만지로는 바다로 내동댕이쳐졌다. 고에몽과 도라에몽도 마찬가지였다. 만지로는 너무 놀랐지만 육지 쪽으로 필사적으로 헤엄치기 시작했다. 해안에 도착해 뒤를 돌아보니 고에몽과 도라에몽도 죽기 살기로 헤엄쳐 오고 있었다.

'선장님과 쥬스케가 안 보인다.'

뱃바닥을 위로 한 채 둥 떠 있던 배가 파도에 밀려 위로 올라가더니 뒤집어진 채로 바위에 부딪혀 부서지고 말았다.

'이상하다. 선장님은 어떻게 된 거지?'

후데노죠의 도움을 받은 쥬스케는 겨우 해안에 도착했지만 얼굴이 심하게 일그러져 있었다. 쥬스케는 배가 뒤집어질 때의 충격으로 발에 심한 골절상을 입었다. 후데노죠와 도라에몽이 쥬스케를 메고 해안에 있는 바위 위로 데려갔다.

그때 만지로가 '앗' 하고 큰 소리를 질렀다.

"큰일 났어요. 부싯돌 주머니가 없어졌어요."

항상 소중하게 품에 넣어둔 부싯돌 주머니였다.
"떨어뜨린 것 같아요. 찾아봐야겠어요."
만지로는 다시 바다로 뛰어 들어갔다. 고에몽과 도라에몽도 배 널빤지와 도구를 가지러 만지로를 따라 바다에 들어갔다.
물 속은 투명하게 잘 보였다. 배가 부서져 침몰한 바다 밑, 바위 위, 헤엄쳐 온 곳 등을 만지로는 마치 물개처럼 물 속을 기어서 돌아다니며 부싯돌을 찾았지만 보이지 않았다.
"그게 없으면 불을 피울 수 없어요. 취사도 할 수 없어요. 모두 제 책임입니다."
예전에 만지로는 쌀을 찧으면서 꾀를 부리다가 크게 반성한 적이 있었다. 만지로는 그때 아무리 힘들어도 자신에게 맡겨진 책임은 다하겠다고 결심했었다. 하지만 다시 실패하고 말았다고 만지로는 자신을 자책했다.
선장은 만지로의 말에 깜짝 놀랐다. 만지로의 말을 들은 선장은 하늘이 무너지는 일이라도 있는 줄 알았다. 이미 배도 낚시 도구도 모두 잃어버린 재난을 겪었다. 선장은 만지로가 하는 말을 듣고 만지로는 책임감이 강한 녀석이라고 생각했다.
"만지로! 이미 엎질러진 물이다. 뭔가 다른 방법이 있을 거다."
'불이 없으면 뭐든지 날것으로 먹어야 하는데 앞으로 취사는 어떻게 하지?'
만지로는 걱정이 이만저만 아니었다.

5. 무인도생활 143일

　만지로 일행은 먼저 생활할 장소를 찾기 시작했다. 섬 남쪽에서 동굴을 발견했다.

　역자주: 만지로 일행이 표류한 섬은 이즈(伊豆)섬 남단에 위치한 도리시마(鳥島)였다. 도리시마는 동경 남동쪽으로 약 580킬로 떨어진 곳에 위치한 직경 2.5 킬로, 둘레가 약 7킬로의 원형의 작은 화산섬이다. 한 시간 정도 걸으면 섬을 횡단할 수 있는 크기의 작은 섬이다. 관목이 있지만 나무다운 나무는 없다. 후에 두 번의 화산 분화로 동굴이 용암에 매몰되는 등 주위 환경이 많이 바뀌었다. 지금은 섬 전체가 천연기념물로 지정되어 있다.

　'여긴 도깨비들이 사는 곳이 아닐까?'
　고에몽은 두려웠다. 만지로가 들어가 보니 입구는 좁았지만 안은 평평하고 제법 넓었다. 동굴 천장도 사람 신장의 두 배는 됐다.
　"안성맞춤이네요. 배 널빤지를 깔면 오히려 배보다 편안하게 잘 수 있을 것 같아요."
　주거지가 정해지자, 도라에몽과 만지로는 물을 찾으러 돌아다녔다. 빗물이 고인 바위 구멍을 발견했다. 정말 오랜만에 맛보는 맛있는 물이었다. 갈증을 해소하고 나니 마음이 안정되었다.
　이렇게 다섯 명의 무인도 생활이 시작되었다. 1841년 2월 5일 (음력 정월 열나흘)이었다.
　'응애 응애'하는 신천옹의 울음소리가 간난 아기의 울음소리와 비슷했다. 제법 소란스러웠다. 인가가 있는지 주의깊게 찾아보았지만 발견할 수 없었다.

"먹거리로 신천옹을 잡아먹으면 되지 않을까? 몇 년이라도 살 수 있을 거야."

고에몽은 이렇게 말하고 신천옹을 잡으러 갔다. 인간을 경험한 적이 없는 새들은 도망치지 않았다. 신천옹을 잡아채는 것은 쉬웠지만 죽이는 것은 힘들었다. 새털을 잡아 뽑고, 뱃조각 널빤지에 박혀 있는 못으로 고기를 갈라 해수에 씻어서 날것으로 먹었다.

"결국 새 회를 먹는 거잖아. 그렇게 나쁘지도 않네."

다섯 마리를 잡아서 반 정도는 먹고 남은 고기를 돌 위에 널어 말렸다.

역자주: 다 자란 신천옹은 날개를 펴면 길이가 2미터를 넘고 체중은 5,6킬로에 달한다. 31년 된 어미가 새끼를 키울 정도로 수명이 긴 새다. 신천옹은 천적이 없는 섬에 알을 낳고 새끼는 겨울에서 초봄까지 키운다. 여름에는 알류산 열도와 알래스카 방면으로 이동한다. 예전에는 태평양 북서쪽의 섬들에 수십만 마리가 서식했다. 19세기말부터 신천옹 깃털을 이불·파커 등 방한용으로 채집하기 위해 포획이 성행하면서 멸종위기에 놓였지만, 천연기념물로 지정되어 보호받으면서 점차 회복되었다. 신천옹은 일 년에 알을 하나밖에 낳지 않는다.

바위에 고인 물은 금방 없어졌다. 바위 틈에서 방울져 떨어지는 용수를 발견해 물통 하나에 담아두었다. 그것만으로는 부족해 조개껍질들을 주워 그 속에 빗물도 담아두었다.

끼니는 신천옹을 매일 먹었다. 굽지 않고 날것을 먹어서 그런지 이제 신천옹을 보는 것만으로도 질렸다. 만지로는 못으로 가른 고기를 돌 위에서 두드려 얇게 편 다음 해수에 적셔서 햇볕에 말렸다. 그러자 맛도 훨씬 좋아지고 먹기도 편했다.

그리고 해변에서 해초를 채취하고, 조개·소라를 잡아왔다. 다리를 다친 쥬스케를 제외한 동료들은 모두 먹을거리와 물을 찾으러 다녔다.

어느 날이었다. 만지로는 후데노죠와 고에몽을 따라 산에 올라 갔을 때, 돌을 쌓아 놓은 곳을 발견했다. 아무리 봐도 두 개의 무덤 같았다. 돌에 글자가 새겨져 있었지만 이끼가 끼고 비바람에 헐어 도저히 읽을 수 없었다.

"우리들처럼 표류되어 이곳에 도착한 사람들이었을 지도 모른다."

선장 후데노죠가 말하자, 고에몽은 금방이라도 울 것 같은 목소리로 말했다.

"두 사람, 여기서 죽었다는 거잖아요. 결국 우리도 이렇게 될 운명이라고요."

"운명이 어떻든 우린 포기하면 안 돼!"

후데노죠도 힘들었지만 단호히 말했다.

만지로도 말을 거들었다.

"하지만 무덤을 만든 사람들은 고향으로 돌아갔겠죠? 큰 배라면 20명, 작은 배라도 5, 6명은 타고 있었을 거잖아요. 무덤이 두 개니까 전 오히려 돌아갈 수 있다는 희망이 생기는 걸요."

그렇게 말하는 만지로를 선장 후데노죠는 가만히 쳐다보았다.

"봐라. 다른 녀석들은 기가 죽었는데, 만지로는 생생하잖아. 이게 희망 아니겠니?"

그런데 만지로는 역시 물고기를 잡고 싶었다. 어부들은 물고기가 없으면 하루가 의미 없는 사람들이다. 주위가 모두 바다고 물고기가 얼마든지 있다. 하지만 낚시 도구는 배와 함께 침몰해 아무 것도 남아 있지 않았다. 만지로는 멍하니 신천옹 무리를 바라보다가 갑자기 눈을 번쩍 떴다.

"좋은 방법이 생각났어요."

신천옹의 어미는 새끼들을 먹이기 위해 물고기를 삼키고 온다. 만지로는 바다에서 돌아오는 어미 새를 붙잡아 목을 졸라 물고기를 뱉어내게 했다.

"미안하지만 새끼 먹이는 한 번 더 나가서 잡아다 줘라."

세 마리, 네 마리 계속하자 십 여 마리의 물고기를 손에 넣을 수 있었다. 만지로가 손에 넣은 물고기를 옷에 말아 돌아오자, 네 명은 너무 놀라 서로의 눈을 의심했다.

"도대체 어떻게 잡은 거야."

"신천옹에게 부탁해서 잡아오게 한 거예요."

어쨌든 정말 오랜만에 맛보는 생선이었지만, 비늘을 벗기고 날것을 베어 먹자 생선 비린내가 너무 심했다. 못을 이용해 창자를 끌어내자 비린내가 덜 나고, 마치 회를 먹은 듯했다.

4월 말의 어느 날 밤이었다. 자고 있는데 동굴이 심하게 흔들리기 시작했다. 바위가 부서져 내리는 큰 소리에 고에몽은 소란스럽게 우는 소리를 냈다.

"지진이다. 여기가 부서지면 우린 묻혀버릴 거야."

정말 지진이었다. 지진이 안정되자 동굴은 무사했지만 동굴 위에 있던 바위가 부서져 내려 입구가 막히고 말았다.

"우린 갇혀 버린 건가?"

"그럼 큰일이잖아. 밖으로 나갈 수 없잖아."

마치 지하 세상에 떨어진 듯했다. 그래도 아침이 되자, 틈새로 약간의 빛이 들어왔다. 만지로는 중얼거렸다.

"천만다행이에요. 저 틈새를 크게 하면 반드시 밖으로 나갈 수 있을 거예요."

네 명이 바위를 움직여 흙과 돌을 쓸어내자, 입구를 만들어 낼 수 있었다. 모두 안도의 숨을 내쉬었다.

봄이 끝나갈 무렵의 어느 날 아침이었다.

'이상하다. 신천옹 우는 소리가 들리지 않는다.'

그 대신에 파도 소리와 바람 소리밖에 들리지 않았다.

밖에 나가 하늘을 쳐다본 만지로는 자신의 눈을 의심했다. 하늘을 가득 메웠던 그 수많은 새들이 단 한 마리도 보이지 않았다. 하늘은 텅 비어 넓은 허공만 펼쳐져 있었다.

섬의 비탈에도 바다 위에도 새들은 한 마리도 보이지 않았다.

'도대체 무슨 일일까. 신천옹은 대체 어디로 가 버린 것일까?'

죽을 때까지 먹을 수 있겠다던 식량은 새 집에 깃털과 새똥만 남기고 모두 사라져 버렸다.

만지로 일행은 신천옹이 철새라는 사실을 모르고 있었다. 새끼를 키울 때는 바다에 면한 비탈에 걸을 틈이 없을 정도로 가득 차 있던 새들이 성장한 새끼들을 데리고 북쪽으로 날아가 버리고 만 것이다.

'저놈의 고기에 질리긴 했지만. 정말 제멋대로잖아. 없어지면 안 되지. 아! 그 놈의 새들이 그립다.'

'이제 돌아오지 않는 걸까? 여긴 신천옹 섬이잖아.'

갑자기 참을 수 없는 외로움이 밀려왔다.

만지로는 얼굴이 온통 수염으로 파묻혀 있었다. 동료들도 모두 마찬가지였다. 온 몸이 가려워서 견딜 수가 없었다. 가려워 긁으면 상처가 생겼고 상처는 곪아서 짓물러졌다.

신천옹이 사라지자 다섯 명은 먹을 것을 구해야 했다. 쥬스케를 제외한 일행은 매일 먹을 것을 찾으러 돌아다녔다. 나무싹·해초·조개 등을 구해 와 다섯 명이 나누어 먹으며 배고픔을 참았다.

만지로는 역시 젊어서 그런지 먹을 것을 가장 많이 구해왔다. 만지로는 식사 당번으로서의 책임을 다하고 싶었던 것이다.

문제는 식량난뿐이 아니었다. 3개월 동안 비가 오지 않아 마실 물이 턱없이 부족한 것이 무엇보다 힘들었다. 시간이 지날수록 배고픔과 갈증으로 몸이 점점 말라갔다. 눈앞이 멍하고 서 있기도 힘들었다.

쥬스케의 다친 발은 좋아지지 않았다. 후데노죠도 계속 누워 있었다. 이젠 죽음을 기다릴 수밖에 없었다.

만지로는 어머니가 만들어주신 돈사(도사 지역 어부들이 입던 방한복)를 가슴에 안고 어머니를 생각했다.

'어머니! 저, 여기서 죽고 싶지 않아요.'

6. 존 하우랜드 호에 구조되다.

후데노죠는 뽀쪽한 돌로 동굴 벽에 매일 바를 정(正) 자를 한 획씩 그어갔다. 바를 정(正) 자가 여섯 자 모이면 한 달이 지난 것이 된다. 이렇게 날짜를 세었다. 그 기록에 따르면, 오늘은 5월 9일 날이었다.

만지로는 일어날 기력도 없었다.

"배, 배가 지나가요."

고에몽이 외치는 소리에 만지로는 몸을 벌떡 일으켰다.

"봐라, 저기 봐라. 정말 배가 지나간다."

아침놀이 비쳐오는 저 멀리 남쪽 바다 위로 아침 햇살에 비친 하얀 점이 보였다. 자세히 보니 점 같이 작은 것이 확실히 움직이고 있었다.

"그래 저건 틀림없이 배다."

이 소리에 다른 두 사람도 밖으로 나왔다. 하얀 점이 확실히 보였다. 하얀 점은 천천히 섬 쪽으로 다가오고 있었다.

"와! 정말 배다, 배야. 고에몽 정말 잘했다."

후데노죠가 칭찬했다.

저 멀리 보이던 하얀 점은 약 2시간 정도 지나자 흰 돛을 단 배의 모습을 드러냈다.

"저건 남방선이다. 정말 크구나."

게다가 남방선이 섬 쪽을 향해 다가와서 일행 네 명은 너무 놀랐다.

만지로는 너무 놀라 무심코 헛소리를 하고 말았다.

"와! 됐다. 이번에야말로 도움을 받을 수 있겠다."

"저게 남방의 해적선이라면 어떻게 하지?"

당시 일본 사람들은 서양인을 남방인이라 불렀다. 후데노죠가 고에몽을 몹시 꾸짖었다.

"갈팡질팡할 여유가 없다. 그렇게 무서우면 넌 남아라. 여기에 가만히 있는 것 보단 훨씬 낫겠다. 운이 좋으면 도움을 받을지도 모르잖아."

배가 가까이 다가왔다. 네 명은 입은 옷을 벗어 머리 위로 올려 휘돌리면서 젖 먹던 힘까지 짜내며 소리쳤다.

"야! 우릴 도와 줘요."

"여기로 와 줘요."

도대체 어디서 나오는 힘인지 네 명은 계속 소리쳐댔다.

배가 다가오자 배의 크기와 돛대에 달린 펄럭이는 수많은 흰 돛들을 본 네 명은 입이 딱 벌어졌다. 배는 섬에 있는 네 명을 알아채지 못한 건지 섬 남서쪽으로 가버렸다.

"안 돼! 역시 우린 신에게 버림받았나봐."

"이 세상엔 신도 부처님도 없어. 우린 이 섬에서 죽을 운명이야."

셋은 그곳에 주저앉아 소리도 내지 않고 울었다. 하지만 만지로는 포기할 수 없었다.

"배가 반대쪽에 정박했을지도 모르잖아요. 그쪽으로 보러 가봐요."

"가봤자 소용없다. 우리에게 볼 일이 있겠니."

세 명은 일어설 기력도 없었다.

"배가 근처까지 왔는데, 이 기회를 놓친다면 정말 끝장이에요. 저는 살고 싶어요. 전 찾으러 가겠어요."

만지로도 일어설 기력이 없는 것은 마찬가지였다. 하지만 '살고 싶다'는 의지가 솟구치자, 길도 없는 산을 마구 달려 내려가기 시작했다. 약 1킬로의 돌산 길을 숨을 헐떡이며 달렸다.

숨이 끊어져 쓰러질 것 같았다. 그래도 달렸다.

'시간에 맞게 대야 할 텐데. 제발 기다려 줘.'

산을 돌자 섬의 남서쪽 바다가 펼쳐졌다. 무한히 펼쳐진 바다가 눈에 들어왔다.

조금 전에 본 배가 정박해 있었다.

게다가 배에서 내려진 두 척의 작은 배가 흰 돛을 세우고, 이쪽으로 다가오고 있었다.

굶어서 쓰러질 것만 같았지만 만지로는 왔던 길로 방향을 돌렸다. 빨리 돌아가 네 명에게 이 소식을 전하고, 다시 이곳에 돌아오지 않으면 배가 가 버릴지도 모를 판국이다.

"배가 가 버릴지 몰라요. 모두 이쪽으로 오세요."

만지로는 동굴에 도착하자마자 이렇게 외치고, 다시 남서쪽으로 달려갔다.

'드디어 찾아온 행운을 발로 차 버리면 이거야말로 끝이다.'

너무 힘들었다. 심장이 터질 것 같았다. 발에 쥐가 나 여러 번 넘어졌다. 그래도 죽을 힘을 다해 돌산 길을 달렸다. 산길을 달린 것이 벌써 세 번째였다.

어디선가 어머니의 목소리가 들려왔다.

'만지로! 힘들어도 달려라. 꼭 살아야 한다.'

고에몽과 도라에몽도 쉬지않고 만지로의 뒤를 따랐다. 만지로의 필사적인 마음과 정신력이 죽을 위기에 빠진 다섯 명을 구할 수 있었다.

두 척의 작은 배가 험한 바위와 높은 파도 때문에 섬으로 접근할 수 없어 돌아가려는지 갑자기 방향을 바꾸었다. 맞바람이 불어와 돛을 내리고 막 노를 저으려고 할 때였다.

셋은 마지막으로 젖 먹던 힘까지 내어 소리를 질렀다.

"여보세요! 여기예요. 도와주세요."

바람이 불어오는 쪽으로 외친 소리는 바람과 파도 소리에 묻혀 사라졌다. 그래도 목이 쉬도록 외치며, 입고 있던 옷을 벗어 휘둘렀다.

"여기예요. 도와주세요."

그러자 배에서 이쪽의 세 사람을 발견하고 모자를 흔들어주었다. 배는 서양식 보트로 등을 돌려서 노를 젓기 때문에 노를 젓는 사람에게 섬이 보였다. 그래서 소리가 들리지 않아도 셋을 발견할 수 있었던 것이다.

보트는 다시 방향을 바꾸어 섬 쪽으로 노를 저어왔다.

"어이, 이쪽으로 헤엄쳐 와."

손으로 신호를 보낸 것은 얼굴 색이 다른 남자들이었다.

"남방 사람들이잖아."

고에몽은 무서워서 흠칫거렸다. 하지만 만지로는 도움을 꼭 받아야겠다고 생각했다. 그래서 모든 것을 운명에 맡기기로 했다.

발밑은 가파른 절벽이었다. 벼랑 높이는 약 20칸(36미터) 정도로 내려가려 해도 발이 떨어지지 않았다. 그래도 만지로는 용기를 내고 목소리를 높였다.

"자 내려갑시다."

만지로는 미끄러져 떨어지듯이 단번에 해안까지 내려갔다. 그리고 옷을 머리 위에 이고 헤엄쳐 나아갔다. 배에서는 감색의 곱슬머리를 한 남자, 갈고리 코의 남자, 얼굴이 까만 덩치가 큰 남자들이 목을 빼고 만지로가 헤엄쳐 오는 것을 지켜보고 있었다. 만지로도 순간 흠칫했지만 그들의 도움을 받아 배 위로 올라탔다.

이를 지켜본 고에몽과 도라에몽도 절벽을 내려와 배까지 헤엄쳐 나아왔다. 역시 큼직한 손을 가진 남자가 손을 내밀어 두 사람을 보트로 끌어올렸다.

"정말 감사합니다. 덕분에 살았습니다."

만지로는 긴장이 풀리고 피곤함이 몰려와 쓰러지듯이 주저앉았다. 하지만 아직 두 사람이 섬에 남아있는 것이 떠올랐다.

만지로는 그들에게 남은 일행들에 대해 열심히 설명했지만 서로 말이 통하지 않았다.

'저들이 도대체 뭐라고 말하는 걸까?'

만지로는 사람들의 말이 서로 다르다고 생각해 본 적이 한 번도 없었다.

"섬에 아직 두 사람이 남아있어요."

손가락 두 개를 세워 열심히 설명했다.

"그 두 사람은 몸이 불편해요. 움직일 수 없어요."

얼마나 열심히 손짓으로 설명했는지 온몸이 땀으로 흠뻑 젖었다. 그들은 만지로의 손짓을 이해했는지 동굴 쪽으로 배를 저어 데려다 주었다. 이렇게 해서 다섯 명은 미국 포경선 존 하우랜드호(John Howland, 377톤)에 의해 구조되었다.

배에서 본 서양 선원들의 머리·피부·눈·코의 모양과 색, 그리고 옷·신발·모자 등은 지금껏 본 적이 없는 것들이었다.

바다 저편에 사람을 잡아먹는 식인종이 있다는 이야기를 들은 적이 있었다. 만지로도 두렵고 불안한 것은 마찬가지였다. 고에몽은 부들부들 떨면서 중얼거렸다.

'혹시 저들은 도깨비가 아닐까? 사람을 잡아먹는 도깨비라면 어쩌지?'

역자주: 존 하우랜드호 항해일지는 다음과 같이 기록하고 있다. 6월 27일 일요일, 약한 동남풍, 섬이 보인다. 이 섬에 바다거북이 있는지 조사하기 위해 오후 1시에 2척의 보트를 내렸다. 섬에서 조난으로 몹시 지친 다섯 명을 발견해 본선에 수용했다. 배고픔을 호소하는 것 이외 그들이 하는 말을 전혀 이해할 수 없었다.

7. 휘트필드 선장을 만나다.

  다섯 사람은 존 하우랜드 본선의 크기를 보고 놀랐다.
  조심해서 본선에 몸을 실었다. 턱 수염을 기른 멋진 남자가 손짓을 하자, 빵 하나씩과 마실 물을 모두에게 가져왔다.
  선원들은 그를 '캡틴'이라 부르며 지시를 따르는 것을 보고, 만지로는 이 남자가 선장이라고 생각했다. 만지로는 선장 앞으로 나아가 고향 도사(土佐) 사투리로 고마움을 전했다. 이 남자가 바로 만지로의 은인 윌리엄 휘트필드 선장이다.
  선장이 입을 옷을 가져오게 했을 때,
  "배가 너무 고파요. 먹을 걸 더 주세요."
라고 손짓으로 부탁했다. 하지만 빵은 시간을 두고 가져왔다. 굶주린 상태에서 갑자기 많이 먹으면 건강에 해롭기 때문이었다.
  "섬에 두고 온 것이 있으면 가져오라."
  선장은 다음 날 만지로를 보트에 태워 섬으로 보냈다. 다섯명의 짐이라곤 거의 없었지만, 만지로는 어머니가 만들어 주신 돈사를 가져올 수 있어 다행이었다.
  이튿 날은 구운 돼지고기를 먹었다. 불로 구운 음식은 정말 오랜만이었다. 꿈이 아니라 현실이라 생각하니 눈물이 왈칵 쏟아져 나왔다.
  '어머니! 저 살았어요.'
  차츰차츰 시간이 지나자 만지로는 구조되었다는 사실을 실감하게 되었다.

무인도 생활은 계산해보니 143일간이었다. 약 5개월 동안 무인도에서 살았던 것이다. 존 하우랜드호는 포경선이었다. 만지로 일행을 배에 태운 채 서태평양에서 고래잡이를 계속했다. 5일 동안 2번 고래를 발견했다. 한 번은 고래를 추적했지만 잡지 못했고, 7일 후에 2마리를 잡았다. 존 하우랜드호는 고래 기름을 채집하는 배였다.

배는 길이 34미터, 폭 8.3미터, 해수면에서 갑판까지의 높이가 4미터로 선내가 4층으로 만들어진 배였다. 1층에는 고래 기름을 넣는 통 보관 창고와 통을 만드는 목재실이 있었다.

일본에서는 상상할 수 없는 크기의 배였다. 게다가 선원들이 생활하는 방도 여러 개 있었다. 바람을 맞지 않고 침대에서 잘 수 있는 배를 본 다섯 명의 어부들은 놀라지 않을 수 없었다. 가다랑어를 잡는 일본 배에는 지붕도 없었다.

이 배의 돛대는 전부 세 개로 한 개의 돛대에 넉 장의 돛이 달려 있었고, 그 외에도 삼각돛이 열 장 정도 있었다. 이 정도 갖추어진 배가 바람을 타면 큰 배라도 굉장한 속도로 해상을 달릴 수 있다. 바람의 세기와 방향, 그 변화에 따라 돛을 올려 방향을 바꾸었다.

역자주: 당시 일본에서는 외국과의 왕래가 금지되어 있었다. 배 건조에는 돛대 하나와 돛 한 장 밖에 허락되지 않았다. 즉 큰 배 생산이 금지되어 있었다. 일본 연해에서 짐을 옮기는 천석선(千石船)도 150톤밖에 실을 수 없었다.

선원들은 흔들리는 배에서도 높은 돛대까지 마치 원숭이처럼 오르내리면서 돛을 접거나 펴거나 했다. 선원들의 움직임을 일본의 어부들은 눈을 크게 뜨고 지켜보고 있었다.

존 하우랜드호의 승무원은 30명 이상이었다. 배에는 대장공이 있어서 필요할 땐 어떤 금속 도구라도 배 안에서 만들 수 있었다. 또한 필요한 만큼 고래 기름 저장 통을 만들 수 있는 기술자도 한 명 있었다.

만지로 일행은 배와 갖추어진 장비를 보는 것만으로 어리둥절했다. 갑판에서는 소와 돼지도 키우고 있었다. 긴 항해 동안 신선한 고기와 우유를 확보하기 위한 것이었다. 이 모든 것은 상상도 할 수 없는 것들이었다.

만지로 일행 다섯은 언어뿐만 아니라 생활 습관의 차이에도 놀라지 않을 수 없었다.

만지로는 이 배의 모든 것이 신기하고 흥미로웠다. 만지로는 이 때의 풍경을 몇 장의 스케치를 남겼다.

하루 세 번 식사를 하고 몸도 씻고 더러운 옷을 갈아입자 가려움도 사라졌다. 쥬스케의 다리가 완쾌되지는 않았지만 상태가 급속도로 호전되고 있었다.

존 하우랜드호는 만지로가 이해할 수 없는 것과 알고 싶은 것들로 가득 차 있었다. 그러나 말이 통하지 않아 물어볼 수가 없었다.

이야기를 할 수 있으면 선원들과 가까워질 수 있을 것 같았다. 그래서 만지로는 그들의 언어를 배우려고 열심히 귀를 기울였다. 처음 먹었던 빵을 '브레드'라고 하고, 음식은 '푸드'라고 하는 것을 알았다. 또한 '밀'이란 식사를 말하고, 오늘을 '투데이'라고 말했다. 만지로는 선원들의 대화를 들으면서 하나 씩 외워

나갔다.

이렇게 하나 둘 단어를 배워가면서 '데인져'는 위험, '노스 워드'는 북쪽으로 향한다는 것을 알게 되었고, 그들의 대화를 대충이나마 이해하게 되었다.

말을 하나 둘 외우자, 선원들은 존 만이 정말 빨리 외운다고 기뻐했다. 만지로는 배에서 존 만으로 불리게 되었다. 이렇게 존 만은 만지로의 외국 이름이 되었다. 후에 만지로는 사인으로 존 만(John Mung)을 사용하였다.

다른 네 명도 짧은 영어는 할 수 있게 되었지만, 만지로의 학습 속도가 제일 빨랐다.

처음에는 머리 색이나 피부 색이 다양하고, 눈 색도 달라서 무섭게 느껴진 이국인들도 이제는 친숙해졌고 친절한 사람들로 느껴졌다.

이들 중에는 일본인을 미워하는 사람도 세,네 명 있었지만, 선장 윌리엄 휘트필드는 차별이나 반감을 용서하지 않는 사람이었다.

시간이 지나면서 만지로 일행이 가벼운 영어를 구사할 수 있게 되자, 선장은 몸짓을 섞어가며 앞으로의 생활방침에 대해서 만지로 일행에게 설명했다.

"당신들의 나라 일본은 우리들의 배가 다가가면 쫓아냅니다. 대포에 맞은 배도 있습니다. 나는 당신들을 일본 항구에 내려주고 싶지만 그건 너무 위험한 일입니다. 가까운 시일에 우리 배가 하와이에 도착할 것입니다. 그곳까지 여러분을 데리고 갈까 합니다. 하와이는 여러 나라 배가 입항하는 곳이니까 중국으로 가는 배를 타고 상해까지 가서, 그곳에서 일본행 배를 타면 될 것입니다. 중국 배라면 일본 항구에 입항해도 쫓아내지 않을 것입니다."

선장 휘트필드의 설명을 들은 후데노죠는 납득한 얼굴이었다. 만지로는 일본의 쇄국정책에 대해서 자세히는 모르지만, 금방 일본으로 귀국할 수 없다는 것은 알아들었다. 만지로는 자신이 탄 배와 미국, 그리고 새로운 지식을 배우고 난 뒤라도 늦지 않다고 생각했다.

역자주: 에도 막부는 1635년 그리스도교 금지를 명목(名目: 구실)으로 일본 국내에서 선교를 하지 않았던 네덜란드와 중국 이외의 외국인 출입을 금지시켰다. 또한 일본인이 외국으로 나가는 것도 금지시켰다.

선장은 호기심 가득하고 의욕에 넘치는 만지로에게 속마음이 끌렸다. 그래서 만지로를 선장실에 불러 알파벳을 가르쳐 주고, 지구본(地球本)과 지도를 보여주며 자신이 알고 있는 세계에 대한 지식을 가르쳐 주었다.

만지로도 선장의 인격을 존중하고 마음으로부터 아버지처럼 따르게 되었다.

8. 포경선의 조수가 되다

"씨 브라우즈! 씨 브라우즈!(고래가 물을 뿜어낸다.)"
갑자기 누군가 외치는 소리가 들려왔다.
돛대 위에는 까마귀둥지(crow's nest: 망루)라는 바구니가 있었다. 그 곳에서 망을 보던 사람이 소리치고 있었다. 갑판에서도 선원들이 갑자기 서두르기 시작했다. 선원들이 서로 '씨 부라우즈'라고 외치며 갑판 위를 급하게 움직였다. 선장이 갑판 위에 나타났다.
"존 만도 보트에 타 노를 저어보지 않겠니?"
"오 케이, 뭐든지 하겠습니다. 시켜만 주십시오."
만지로는 선장님에게 인정받았다고 생각하니 너무 기뻐서 힘이 넘쳤다.
선원들은 작은 배를 '보트'라 불렀다. 배에는 다섯 척의 보트가 있었다. 그중 오른 쪽에 있던 두 척의 보트가 바다로 내려졌다. 만지로 일행을 구조해준 작은 배였다. 그렇다고 작다고도 할 수 없었다. 길이가 8미터나 되는 보트였다.
'보트의 선미가 뱃머리처럼 뾰족한 이유가 뭘까?'
만지로는 아무리 생각해도 알 수 없는 것들이 너무 많았다.
'보트에는 그물이 없다. 왜 그물이 없을까? 우리 고향에서는 그물로 고래를 잡는데…, 창은 왜 이리 가는 것일까? 이렇게 가는 창으로 큰 고래를 어떻게 잡는 걸까? 밧줄을 소용돌이처럼 빙빙 둘러져 넣어 놓은 통이 세 개나 있었다. 이 밧줄로 고래를 묶는 걸까? 도대체 어떻게?'

보트에는 여섯 명씩 탔다. 뱃머리에는 창을 든 사람, 선미에는 방향키를 잡은 사람이 앉았다. 항해사가 앉자 지휘를 시작했다.

'우리 고향에서는 근처 마을 어부들이 총동원 돼서 고래에 그물을 던져 잡지 않았는가? 하지만 보트에는 그물도 없고 이렇게 적은 인원으로 어떻게 고래를 잡는단 말인가?'

고향에서는 고래 한 마리를 잡으면 인근 일곱 마을이 넉넉하게 나누어 가졌다.

"북북서로 전진, 거리 약 2800미터, 고래가 물을 뿜는 걸 보니 향유고래다."

본선의 망루에서 연락이 오자, 곧바로 출발했다. 일본 배는 노를 떠밀어서 나아가지만, 보트는 '오어(oar)'라는 노를 저어서 나아가는 것이었다. 만지로도 보트의 노를 저어보고 싶었다.

네 명이 등을 돌리고 앉아 노를 저었다. 앞이 보이지 않아 모든 진로는 방향키를 잡은 항해사가 맡았다.

다행히 남쪽에서 바람이 불어와 흰 돛을 올렸다. 돛을 올리자 보트는 마치 하늘을 나는 매처럼 빠르게 앞으로 나아갔다.

배 속도를 올리기 위해 보트 밑바닥을 얇게 해 물위를 미끄러지듯이 만든 것이 만지로의 눈에 들어왔다. 또한 바람이나 파도에 배가 옆으로 흘러가지 않도록 밑바닥에 횡놀이 방지판 센터보드(하수용골)라는 금속판을 깔아 놓은 것도 보였다.

펄럭 펄럭, 돛이 분주하게 소리를 내고 있었다.

보트는 빨랐다. 금방 본선이 좁쌀처럼 보였다.

고래에게 들키지 않도록 고래 근처까지 가서 돛을 내리고 노만 저어 조용히 접근했다.
"고래가 도망간다. 속도를 올려라. 서둘러라!"
지휘하는 항해사가 작은 목소리로 외쳤다. 만지로는 보트의 노를 저어 본 적이 없었지만 있는 힘을 다해 저었다.
갑자기 소리가 나더니 보트 근처에 고래가 내뿜는 물이 떨어졌다. 만지로는 등을 뒤로 돌리고 있어서 고래를 볼 수 없었다.
창으로 찌를 수 있는 거리까지 보트를 접근시켰다. 팽팽한 긴장감이 감돌았다. 고래를 죽이지 못하면 보트가 고래 몸에 튕겨서 날라 갈지도 모르는 위기의 순간이었다.
집중력, 결단력, 그리고 방향키가 중요했다.
"뒤로 후진! 뒤로 후진하라."
노를 반대로 돌려 젓자 보트가 뒤로 후진했다.
'선미가 뾰족한 건 후진하기 위해서였구나!'
"어서 창으로 찔러라. 조심해라!"

갑자기 해수가 출렁이더니 바닷물이 높아졌다. 검은 산이 눈에 들어왔다. 고래였다.
배를 고래 옆으로 돌리자 창을 가진 선원은 밧줄이 달린 창을 잡았다.
배를 통째로 삼켜버릴 것 같은 큰 고래가 옆에 보였다.
"얏!"
창이 고래 머리에 명중했다. 훌륭한 솜씨였다.
그 순간 갑자기 고래가 도망치기 시작했다. 고래가 바다 속으로 깊숙이 들어갔다. 고래에 연결된 밧줄이 통에서 풀려 나와 보트 속을 튀어 오르면서 굉장한 속도로 늘어났다. 밧줄에 부딪히면 위험할 것 같았다.

밧줄은 선미에 있는 말뚝이 돌면서 속도를 조절하고, 뱃머리에 있는 갈라진 틈을 통해 밧줄을 풀어내고 있었다. 말뚝에 밧줄이 스치면서 그 열로 연기가 났다. 선원들은 연기가 나는 곳에 바닷물을 끼얹어 식혔다.

이번에는 고래가 수면으로 떠오르면서 전 속력으로 달리자, 고래에 끌려 보트가 물위를 스치듯 떠서 달렸다. 보트와 고래의 결투는 계속되었다. 이윽고 힘이 빠진 고래가 수면 위로 가만히 떠오르자 항해사가 고래 심장을 겨냥해 창을 찔렀다.

'밧줄은 창에 찔린 고래를 놓치지 않기 위한 것이었구나. 저 창은 한 번 찔리면 빠지지 않는 미늘창이구나. 이건 우리 고향 도사보다 훨씬 참신한 고래잡이법이다.'

고래를 본선으로 끌고 가더니 고래를 쇠사슬로 배 우현(오른쪽 뱃머리)에 묶고 작업대를 내렸다. 작업대 위에서 자루가 긴 칼로 고래의 피부를 자르고 벗겨 낸 두꺼운 피하지방이 수십 장으로 잘리어 배 위로 올려졌다. 고래 고기와 뼈는 바다에 버렸다. 상어 떼가 몰려와 배에서 떨어진 고래 고기를 서로 먹으려고 싸우는 모습이 보였다.

역자주: 서태평양의 난류는 향유고래의 어장이다. 그날 존 하우랜드호 항해일지에는 한 마리의 향유고래에서 이틀 동안 40통의 기름을 제조했고, 향유고래의 내장에서 귀중한 향료를 얻었다고 기록되어 있다.

"정말 아깝다. 고향 도사에서는 고래 고기·뼈·수염까지 소중하게 나누어 가지는데…"

미국인들은 고래 고기를 먹는 습관이 없었다. 게다가 고기를 저장할 수 있는 냉동시설이 없는 시대였다. 만지로 일행이 탄 배는 고래 기름을 채취하는 배였다. 갑판에 있는 벽돌 화로에 걸어놓은 큰 솥에 날라온 고래 지방을 넣고 조려서 고래 기름을 채취해 통에 넣었다. 고래 기름은 기계의 윤할유나 양초의 원료로 사용된다는 사실을 알게 되었다.

"야 만지로! 망루에 올라가 망을 보지 않겠니?"
선장은 호기심 많고 의욕에 넘치는 만지로의 마음을 간파하고 있었다.
"망루에 올라가서 고래를 발견하면, '씨 브라우즈'라고 소리 질러라. 알겠니? '씨 브라우즈'다 명심해라."
"선장님, 시켜만 주십시오. 제가 꼭 고래를 발견하겠습니다."
만지로가 가볍게 망루에 올라가자 모두 깜짝 놀랐다. 망루의 흔들림은 배 흔들림의 열 배는 되었다. 게다가 너무 높아서 눈앞이 아찔했다. 망루 주위에 안전대 울타리가 없다면 몸이 바람에 날아가 버릴 것 같았다. 그런 바람이 머리카락을 타고 내려오면서 윙윙거렸다.
'사람이 하는 일인데, 나도 할 수 있다.'
만지로는 단전에 힘을 넣고 고래를 찾기 시작했다. 크고 넓은 바다에 무수히 많은 빛이 파도에 부딪쳐 비쳐왔다. 점차 망루에 익숙해지기 시작했다. 그러자 말로 표현할 수 없는 최고의 기분을 느낄 수 있었다.
'그래 이거다. 나도 진짜 바다 사나이가 되고 싶다.'

9. 호놀룰루에 입항, 동료들과 헤어지다

존 하우랜드호는 1841년 11월 1일 하와이 오아후섬에 들렀다. 무인도를 떠난 지 5개월이 지나서였다. 그 동안 15마리의 고래를 잡았다.

하와이는 오늘날 미국의 한 주에 속하지만 당시는 독립국으로 카메하메하(Kamehameha 초대국왕, 재위 1810~1819) 왕국이라 불렸다. 수도는 오아후(Oahu)섬 호놀룰루였다.

하와이는 태평양 한 가운데라는 지리적 조건 때문에 태평양을 왕래하는 선박들에게 물·식량·연료 등을 보급할 수 있는 귀중한 기지(基地)였다.

만지로 일행은 상륙해 오아후섬을 산책했다. 야자나무 등 처음 보는 남국의 식물들이 많았다. 색이 화려한 꽃들도 신기했다. 이곳에는 고향에서 보던 아름다운 해변도 있었다. 여신이 의자로 썼다는 전설이 있는 바위를 구경하고, 그곳에서 아름다운 경치를 보면서 고향 아시즈리갑을 떠올렸다.

'일본은 벌써 가을이 끝날 무렵인데, 여기는 여름이 계속되고 있다. 세상에는 정말 신기한 것들이 많구나!'

하와이 사람들은 형형색색의 옷차림을 하고 느긋하게 삶을 즐기면서 살고 있었다. 일본과는 전연 다른 세상이었다.

선장은 하와이 왕국 정부에서 일을 하는 의사 자토의 집으로 일본인 다섯 사람을 데리고 갔다. 그리고 이들을 배에 태우게 된 경위를 이야기했다. 그러자 자토는 소장하고 있던 일본돈 일주은(一朱銀), 이주은(二朱銀), 관영통보(寬永通寶) 등을 테이

불 위에 늘어놓았다.

도라에몽과 쥬스케가 흥분해서 말했다.

"어! 이건 우리나라 돈이잖아!"

"아 고향 생각이 난다. 아버지가 담배를 태우셨지만 이렇게 좋은 담뱃대는 처음 본다."

딱 달라붙어서 쳐다보는 다섯 명의 얼굴을 보면서 자토는 손짓을 하면서 물었다.

"역시 맞구나. 당신들은 이 나라에서 온 게 맞죠?"

"예 그렇습니다. 우리나라에서 사용하는 돈과 담뱃대입니다."

만지로가 대답하자 자토는 선장에게 말했다.

"이건 일본인 물건입니다. 이분들은 일본인임이 틀림없습니다."

그 후 선장은 왕국의 관리들에게 다섯 사람을 데리고 가서 부탁했다.

"이 다섯 사람은 일본인 표류자들입니다. 귀국할 수 있게 될 때까지 이 나라에서 생활할 수 있도록 도와주십시오."

다섯 사람은 선장의 꼼꼼한 배려에 놀랐다. 정말 존경하지 않을 수 없는 사람이었다. 덕분에 만지로 일행은 임시로 초가집에 기거하게 되었다.

존 하우랜드호와 이별하는 마지막 식사 자리가 마련되었다. 선장은 다섯 사람에게 은화 반 달러와 양복을 한 벌씩 선물했다. 선장은 이만하면 만지로 일행이 하와이에서 어려움을 겪지 않으리라 생각했다. 선장이 선물을 주자, 선원들도 돈을 모아 외투를 사서 이들에게 선물했다.

"우리를 구해준 분들에게 우리가 사례를 해야 하는데…, 표류자에게 이렇게 친절하게 대해 주시다니…, 평생 잊지 않겠습니다. 도대체 어떻게 감사를 드려야 할지!"

후데노죠의 더듬거리는 영어가 목메어 우는 소리에 제대로 들리지 않았다. 후데노죠는 땅에 머리를 조아렸다.

선장은 후데노죠의 손을 잡고 일으켜 세우고는 어깨를 두드렸다.

"당신들은 우리들의 형제가 아닙니까? 당연한 일을 했을 뿐입니다. 당신들은 정말 예의바르고 청결한 사람들이었습니다. 무사히 조국으로 돌아가시기를 바랍니다."

마지막 식사 자리에서 사이가 좋아진 선원들과 만지로 일행은 웃고 노래하고 떠들고, 서로 부둥켜 안고 악수를 하는 등 마지막 교류를 나누었다.

만지로는 선장에게 뱃일 뿐만 아니라 세상에 대한 지식을 배워 눈을 뜨게 되었다. 선장은 영어 회화, 영문 읽고 쓰는 법을 자상하게 가르쳐 주었다. 마치 아버지와 같은 사람이었다.

만지로는 일부러 웃으면서 인사를 하려고 했지만 눈물이 앞을 가려 말이 나오지 않았다. 선장도 존 만과의 이별을 너무 아쉬워했다. 그날 밤 선장은 만지로를 그냥 내버려 둘 수 없다고 생각해 후데노죠를 조용히 불렀다.

"나는 수개월 동안 존 만을 봐 왔습니다. 그는 정말 훌륭한 소년이라고 생각합니다. 용기가 있고 의욕이 넘칩니다. 게다가 정말 똑똑합니다. 같이 지내면서 아들처럼 생각하게 되었습니다."

후데노죠는 선장이 말하고자 하는 바를 이해할 수 없었다.

"존 만에게 들으니 일본에서는 글자도 배우지 않았다고 합니다. 일본에 돌아간다고 해도 그의 영민함을 발휘할 수 없다고 생각하니 제 마음이 너무 아픕니다. 그를 미국에 데려가 학교에 보내주고 싶습니다. 반드시 훌륭한 선원이 될 수 있을 것입니다. 어떻습니까? 존 만을 저에게 맡겨주시지 않겠습니까? 아들처럼 돌보겠습니다."

후데노죠는 놀랐다. 그리고 난처했다.

'만지로는 아직 소년이다. 어부로 만들어 주겠다고 만지로 어머니와 약속을 했었다. 만지로를 외국인 손에 넘겨줄 수 없는 일이다. 일본에 돌아간다 하더라도 만지로 어머니와 친형제들을 만날 낯이 없다.'

게다가 이국 생활을 해야 한다고 생각하니 만지로를 도와야겠다고 생각했다. 후데노죠는 선장의 이야기를 도저히 승낙할 수 없었다.

하지만 상대는 자신들의 생명을 구해준 은인이자 훌륭한 인격자였다. 선장은 만지로의 장래를 생각해 머리 숙여 부탁하러 온 것이었다. 딱 잘라서 거절할 수 없는 노릇이었다.

미국은 확실히 일본보다 발전한 나라임에 틀림없었다. 읽고 쓸 줄도 모르고 평생 가난한 어부로 살다가 죽는 것보다 미국에서 제대로 교육을 받는다면 만지로의 삶에 큰 도움이 될 것이 확실했다. 바로 일본으로 돌아갈 수 있는 형편도 아니었다.

후데노죠는 고민 끝에 선장에게 다음과 같이 대답했다.

"지금 이야기는 만지로의 생각을 듣고 나서 대답해도 되겠습니까?"

만지로는 후데노죠에게 이야기를 듣고 굉장히 기뻐했다. 하지만 동료들과 헤어져도 좋은지, 고향에 돌아가지 못해 어머니를 걱정시켜 드리는 것이 아닌지 고민했다.

'하지만 바로 고향에 돌아갈 수 있는 것도 아니다. 난 세상을

더 알고 배우고 싶다. 좁은 고향보다 미지의 큰 세계에서 힘닿는 데까지 배워보고 싶다.'

이렇게 마음먹은 만지로는 미국에 가기로 결심했다. 그리고 지금까지 운명을 함께 해온 후데노죠 일행과 헤어져 존 하우랜드호의 선원들과 한 솥 밥을 먹게 되었다.

배는 고래잡이를 계속하면서 서쪽으로 남하해서 길버트제도(1979년 7월, 영국령에서 키리바시공화국으로 독립)에 들렀다. 그리고 서태평양으로 가 괌에 체류하고, 대만과 만지로 일행이 표류했던 도리시마(鳥島) 근처에도 갔다.

이 기간 만지로가 선원들과 존 하우랜드호에서 생활한 체험이 만지로의 몸과 마음을 크게 성장시켰다. 또한 선장의 인간성을 보고 많은 것을 느끼고 배우게 되었다.

만지로는 항해사의 지시에 따라 돛을 펴고 접기 위해 돛대를 오르내렸다. 또한 고래를 발견하거나 보트를 타고 고래를 뒤쫓기도 했다. 창을 고래에게 던지는 일도 배웠다.

배는 계속해서 고래를 잡으면서 바람 방향에 따라 에미오섬을 지나고, 그후 미국 동해안에 있는 모항인 뉴베드퍼드(New Bedford: 매사추세츠주의 공업 도시)를 향해 출발했다.

대서양으로 나아가기 위해서는 남극에서 가까운 케이프 혼을 우회해야 했다. 그곳은 바다가 거칠고 여름에도 흘러가는 큰 빙산이 부서져 내리는 위험한 곳이었다. 선원들은 이곳을 두려워하고 있었다. 하지만 태양빛을 받아 수정처럼 빛나는 빙산은 말로 표현할 수 없는 장대한 경관이었다. 만지로는 이곳에서 미지의 세계를 알아가는 재미를 실감하게 되었다.

드디어 미국 풍경이 눈에 들어왔다. 불안감이 없지는 않았지만 만지로의 가슴은 기대감으로 고동치고 있었다.

뉴베드퍼드 항구에 도착하자, 크고 작은 배 2천여 척 이상이 정박해 있었다. 존 하우랜드호는 5월 6일 오후 5시 경에 배 안 내원을 태우고 모항인 뉴베드퍼드에 입항했다. 신록으로 둘러싸인 해변 오른쪽 언덕으로 교회의 첨탑이 솟아 있었다. 해변 왼쪽으로는 큰 창고가 줄지어 있었다.

존 하우랜드호가 출항한 지 3년 7개월, 만지로가 구출된 지 2년 가까운 시간이 흘렀다. 소년 만지로는 내일 드디어 이국땅에 상륙해 새로운 인생을 시작하게 될 것이다.

역자주: 미국의 포경사업은 만지로 시대가 가장 전성기였다. 고래기름은 막대한 이익을 가져다주는 사업으로 매사추세츠주 뉴베드퍼드를 중심으로 번영했다. 미국 소설가 허먼 멜빌(Herman Melville, 1819~1891)이 1851년에 발표한 장편소설 『백경(Moby Dick)』의 무대가 이곳이다. 또 모비 딕의 주인공은 향유고래(sperm whale)이며, 이빨을 가진 가장 큰 종이다. 수컷은 길이가 15~20m로 무게는 40~57톤, 암컷은 길이가 11~13m로 35~43톤 정도이다. 임신기간은 15~16개월이며, 새끼는 4년에 1마리씩 낳아 기른다. 어린 새끼는 길이가 3.5~4.5m이며, 몸무게가 500~900kg이다. 향유고래는 머리가 4각형으로 몸길이 3분의 1 이상을 차지하며, 그 머리에 3~4톤의 송진같은 향유(香油)가 들었기 때문에 붙여진 이름이다. 향유는 -273.16°까지 얼지 않으며, 정밀기계의 최고급 윤활유로 쓰인다. 향유고래는 산소를 저장하고 2,200m 심해까지 내려가서 1시간 이상 견딜 수 있다. 그런데 수컷의 대장에 대왕오징어(최고 큰 것은 16m)를 잡아먹고 창자 속에 오징어부리 덩어리의 고래똥인 용연향(龍涎香)을 배설하여 돌덩어리처럼 바닷가에 밀려 나와 발견되는데, 향이 엄청 뛰어나 금보다 2~3배 비싸다. 한 때 고래잡이가 성행하면서 고래의 수가 감소하고, 미국 남북전쟁에 고래잡이배들이 징집되면서 배가 없어지고, 시대가 고래 기름에서 석유로 바뀌면서 미국의 포경사업은 급격히 쇠퇴해갔다.

제2부 미국유학, 귀국도전과 귀향

10. 미국에서의 생활과 공부
11. 인종차별하는 나라 미국
12. 나무통 만들기 수업
13. 포경선 플랭클린호 1등항해사(부선장)
14. 만지로의 귀국도전
15. 귀국자금 마련을 위한 캘리포니아 금채취
16. 하와이 사람들의 선의와 데몬 목사
17. 드디어 류큐국에 상륙하다
18. 류큐·사츠마·나카사키에서 조사받다
19. 단풍이 물든 아름다운 고향에 돌아오다

존 만지로 관련 사진 자료 (2)

휘트필드 선장

데몬 목사

만지로가 그린 보스턴항구 풍경

10. 미국에서의 생활과 공부

1843년 5월 7일 만지로는 미국 땅을 처음 밟았다. 항해를 하면서 단련받은 그는 이미 건장한 16세의 청년이 되어 있었다.

휘트필드 선장은 세관신고를 마친 후, 죠사이아 포니의 사무실에 들렀다. 일을 마친 후 포니 집에 점심 초대를 받아 만지로와 함께 가게 되었다. 포니 집에서 만지로는 포니 부인과 딸 앤과 인사를 했다.

포니 집은 미국 땅에서 만지로를 따뜻하게 맞이해준 첫번째 가정이었다. 포니 가족은 이국땅에서 살게 될 만지로의 불안감을 불식시키고자 마음을 편안하게 대해 주었다. 이후 포니 가족과는 미국에 있는 동안 가깝게 지내게 되었고, 앤은 만지로에게 자주 놀러 왔고, 만지로의 평생 친구가 되었다.

만지로는 만년에 일본에 도착한 앤의 편지를 보고 당시를 회상한 글을 남겨 놓았다.

뉴베드퍼드에서 선장 집이 있는 페어헤이븐(Fairhaven)은 매사추세츠주의 브리스틀 카운티(Bristol County)에 있는 마을에 가기 위해서는 큰 강이 흐르는 다리 위를 지나야 했다.

미국의 다리는 거대하고 튼튼하다고 생각했다. 돛대를 높게 세운 큰 배가 강을 거슬러 올라오는 것이 보였다. 배가 이대로 전진하다간 다리 난간에 부딪힐 것 같았다. 바로 그때였다. 다리 중간 부분이 분리되면서 다리 양쪽이 줄로 당겨져 배가 지나갈 통로를 만들었다. 오늘날 이 다리는 열리는 부분이 옆으로 수평으로 움직이는 시스템으로 변했다. 당시 일본은 에도 방위를 위해 교통상 중요한 도로에 다리를 놓지 않았다. 게다가 큰 다리를 만들 기술이 당시 일본에는 없었다.
"저기 봐라! 이 다리는 큰 배가 와도 다리에 부딪히지 않고 통과할 수 있도록 만들어졌단다."
선장이 가르쳐 주었다. 만지로는 놀라지 않을 수 없었다.
'미국은 정말 대단하다. 미국에 비해 일본은 많이 뒤떨어져 있구나.'

선장의 집은 조용한 주택지에 있었다. 아메리아 아줌마가 집을 지키고 있었다. 아메리아를 소개받은 만지로는 선장에게 배운 대로 인사를 했다.
3년 7개월 만에 편히 쉴 수 있는 집에 돌아온 선장은 항해 중에 있었던 일들을 아메리아 아줌마에게 자랑하듯 늘어놓았다.
"무인도에 바다거북을 찾으러 보냈더니, 아니 이 녀석을 잡아 온 거야."
"그럼, 거북이 대신이네요."
선장은 어색해 하는 만지로를 바라보며 말했다.
"하지만 존 만 너는 풋내기 선원인데도 재치있게 한 사람 몫을 해냈잖아."
"아닙니다. 저는 아무것도 한 것이 없습니다. 단지 선장님과 선원들에게 배우면서 시키는 대로 했을 뿐입니다."
만지로는 일상생활 회화 정도는 영어로 말할 수 있게 되었다. 셋이서 저녁을 함께 먹은 후, 만지로는 선장 집에서 미국의 첫 날밤을 보냈다.
휘트필드 선장은 6년 전에 부인과 이별하고 현재 독신이었다.

자식도 없었다. 페어헤이븐에는 약혼자가 있었다. 그녀의 이름은 알바티나 케이스였다.

이번 항해 배당금이 들어오자, 선장은 집이 달린 농장을 구입했다. 14에이커(17,150 평)의 넓은 토지가 달린 집이었다. 선장이 주택을 2층집으로 신축하자 훌륭한 저택이 되었다. 선장은 결혼해 이곳에 신혼살림을 차리고 농부들을 고용해 농장을 경영하려고 했다.

당시 포경선을 타는 선장들은 항해가 끝나면 고향으로 돌아가 농장을 경영하면서 한적한 삶을 사는 사람들이 많았다.

선장은 뉴욕에 있는 삼촌 집에 알바티나를 데리고 가서 2주간 정도 여행을 했다. 그리고 뉴욕에 있는 교회에서 결혼식을 올리고 삼촌 집에서 피로연을 열었다.

선장 부부가 페어헤이븐에 돌아올 때까지 만지로는 근처의 에킨 씨 집에서 머물게 되었다.

선장은 만지로가 영어를 기초부터 배울 수 있도록 초등학교에 보냈다. 학교는 집에서 가까웠다. 흰 색 돌을 쌓아 만든 초등학교는 옥스퍼드 스쿨(Oxford school)이라 불리는 사립학교였다. 교실 벽에는 초대 대통령 워싱턴의 초상화가 걸려 있었다.

모든 학년이 같은 교실에서 공부를 했다. 만지로는 여섯 살의 초등학생들 틈에 끼어서 알파벳부터 공부했다.

알렌 선생은 에킨 씨 집 근처에서 세 자매가 함께 살고 있었다. 그녀는 둘째 딸로 이름이 제인 알렌이었다. 제인 알렌 선생은 만지로를 집으로 불러 특별히 영어를 가르쳐 주었다.

"존 만! 넌 정말 열심히 공부해서 좋아. 뭐든 빨리 외우니까 졸업도 빨리 할 수 있을 거야. 열심히 해 알겠지!"

알렌 선생은 혼자서 이국 땅에 온 16세의 만지로를 격려해 주었다.

"만지로! 겉옷의 팔꿈치에 구멍이 날 것 같다. 고쳐 줄 테니까 이리 줘."

양복의 수선해야 할 부분도 모두 고쳐 주었다.

휘트필드 선장 부부가 스콘치카트넥(Sconty Cartneck) 농장 집으로 살림을 옮겨도 만지로는 한동안 학교에서 가까운 아메리아 아줌마 집에서 학교를 다녔다.

아버지 같은 휘트필드 선장과 알렌 자매의 도움으로 만지로는 공부에만 매진할 수 있었다. 그 덕에 만지로의 영어 실력은 날이 갈수록 늘어갔다. 뿐만 아니라 만지로는 상하관계가 없는 자유로운 미국식 사회제도에서 많은 것을 배우게 되었다.

수개월 만에 초등학교를 마친 만지로는 선장 부부가 있는 농장으로 거처를 옮기게 되었다. 그리고 근처에 있는 공립학교 스콘치카트넥 스쿨에 진학했다.

학교에는 만지로를 따뜻하게 맞이해주는 사람들만 있는 것이 아니었다. 괴롭히는 무리들도 있었다.

"옐로(동양인)가 왔다. 정말 학교가 더러워지겠어."

"아이 냄새! 일본 놈은 냄새가 고약하다니깐. 여긴 너 같은 녀석이 올 곳이 아니야. 아 냄새!"

이렇게 말하면서 노트를 코 앞에 대고 흔들어 보였다.

다음 날은 갑자기 뾰족한 코를 손으로 누르며 만지로 얼굴 앞에 갖다 댔다. 일본인은 얼굴 생김새가 자신들과 다르고 코가

낮다는 것을 보여주려는 행동이었다. 만지로는 마음의 상처를 크게 받았다. 더 이상 학교에 가고 싶지 않았다.

게다가 다음 날은 여러 명이 만지로의 머리를 잡아당겨 끈으로 의자에 묶는 일이 발생했다. 이와 같은 일련의 사건에 풀이 죽은 만지로에게 휘트필드 선장이 말했다.

"존 만, 그들은 도대체 자신들이 무슨 짓을 하는지 모르고 있다. 용서해 줘라. 언젠가 존 만이 친구였던 것을 자랑스럽게 여길 날이 올 거다."

선생님들 중에도 일본인이라는 것만으로 차별하는 사람이 있었다. 하지만 만지로는 따돌림에 굴하지 않겠다고 다짐했다.

'좋아. 절대 싸움은 하지 말자. 열심히 공부해서 일본인이 바보가 아니라는 것을 보여주자.'

얼마 지나지 않아 만지로는 학교에서 우수한 성적을 얻어 선생님들에게 칭찬을 받게 되었다. 그러자 대부분의 선생님들과 학교 친구들도 점차 만지로를 인정하게 되었다.

어느 날 만지로는 친구들을 낚시에 데리고 갔다. 낚시에는 만지로를 능가할 사람이 없었다. 물고기를 잘 잡는 비결을 친구들에게 가르쳐 주자 친구들이 늘기 시작했다.

학창 시절 친구들 중에는 만지로가 일본에 귀국해도 계속 편지를 교환한 친구들이 여러 명 있었다. 남자 친구 중에는 잡과 테리, 여자 친구 중에는 만지로가 사랑한 캐서린이 그들이다.

5월이 되자 제비꽃 같은 미나리아재비라는 노란 색 꽃이 주위에 예쁘게 피었다. 5월 축제 이른 아침 만지로는 미나리아재비 꽃을 따서 바구니에 담아 캐서린 집 앞에 걸어 놓았다. 그리고 자신의 마음을 담은 시를 바구니에 같이 담아 놓았다. 이름은 적지 않았다. 이것은 소년들이 좋아하는 여자에게 보내는 메이데이 바스켓(Mayday basket)이었다.

추위가 매서운 밤
너를 그리며 바구니를 매단다.
잠에서 깨어 등불을 켜고
너에게 달려가는 날 봐 줬으면
하지만 내가 누군지 알려고 하지 마

캐서린은 80살이 되어서도 그때 만지로가 전해준 시와 꽃바구니를 가까이 두고 자주 봤다고 한다. 캐서린은 만지로의 첫사랑이었던 것이다.

스콘치카트넥의 집에서는 아침이 되면 선장 부인이 구운 고소한 빵, 달콤한 잼, 막 짜낸 우유 등이 만지로를 즐겁게 했다.

알바티나 부인도 선장과 같은 마음으로 만지로의 어머니가 되어 주었다.

"땀 냄새가 나는 셔츠는 빨아야지."

"학습 노트와 연필은 있니?"

부인은 학습도구에도 관심을 가져 주고, 친구들과 친하게 지내도록 그들을 집에 놀러오게 했다.

농장에서는 농부들을 고용해 가축을 키우고 곡물이나 야채를 재배했다. 만지로도 농장 일을 도우면서 학교에 다녔다.

학교를 우수한 성적으로 졸업한 만지로는 페어헤이븐에서 가장 수준이 높은 바틀렛 아카데미(Bartlett Academy)에 진학하려고 마음먹었다. 만지로도 꼭 가고 싶었던 학교였다.

그러나 바틀렛 아카데미에 입학하려고 할 때 학교측이 입학을 허락해주지 않았다. 그것은 만지로가 학습진도를 따라가지 못할 거라 판단했기 때문이었다.

그래서 휘트필드 선장이 교장선생님을 찾아가 설득했으나 마찬가지였다. 결국 휘트필드 선장의 끈질긴 부탁과 학습진도를 따라가지 못하면 만지로를 퇴학시켜도 좋다는 조건부로 입학하게 되었다.

그 후 만지로는 열심히 공부하여 수석으로 졸업하였다.

이곳에서 배운 것들이 후일에 만지로의 일생에 크나 큰 저력이 되었다.

당시 같이 학교에 다니던 동창이 만지로에 대해서 다음과 같이 적었다.

"존 만이 누구와 싸우는 것을 본 적이 없었다. 그는 학교에 다니는 기회를 소중하게 여기고 있는 것 같았다."

11. 인종 차별하는 나라 미국

　미국에 온 지 얼마 되지 않아서의 일이었다. 휘트필드 선장은 일요일에 만지로를 데리고 교회에 갔다. 교회 안은 스테인드글라스에 비친 햇살과 어둑한 제단 위에 켜놓은 촛불이 근사하고 아름다웠다.
　제단 좌우에는 지역의 유명한 인사들을 위한 특별석이 마련되어 있었다. 선장 가족 자리도 특별석이었다.
　선장이 만지로를 그곳에 앉히려고 하자, 주위 사람들은 눈썹을 치켜 올리며 그 자리에서 일어섰다.
　"뭐야? 이 녀석은 불결한 녀석이잖아."
　"불결한 녀석을 이곳에 데려오면 어떻게 해."
　만지로는 거부당했다.
　교회 사람이 선장에게 와서 눈을 부라리며 말했다.
　"절대 안 됩니다. 옐로(동양인)는 블랙(흑인)과 같습니다. 신성한 교회에 데리고 오시면 안 됩니다. 즉시 데리고 나가주십시오."
　만지로는 슬펐다. 항상 온화하시던 선장이 눈을 부릅떴다.
　"하느님께서는 모든 인간을 공평하게 바라보신다. 교회가 모든 인간은 평등하다고 가르쳐야지, 차별하는 교회는 필요 없소."
　선장을 다른 교회로 갔다. 그곳은 일반석과 흑인들이 앉는 자리를 구별하고 있었다.
　"옐로는 블랙들의 자리에 가서 앉으시오."

만지로는 더 이상 교회에 가고 싶지 않았다. 하지만 선장은 포기하지 않았다.

"이 교회도 안 되겠다. 존 만을 모든 사람을 평등하게 대하는 교회로 데려가고 싶다."

그래서 찾은 교회가 유니테리언 교회(Unitarian Church: 삼위일체를 부인하고 하느님 한 분만을 믿는 교회)였다. 그곳은 만지로를 마음으로부터 맞이해 주었다. 만지로를 위해 '만인의 평등'을 지향하는 교회를 찾아준 선장의 따뜻한 애정과 인격에 다시 한 번 감동했다.

그 날 목사님의 설교도 잊을 수 없었다.

"하느님은 여러분들의 영혼에 힘을 불어넣어 주십니다. 영혼의 힘이란 무엇입니까? 사람이 병에 걸려도 우리의 마음을 건강하게 유지시켜 주는 것입니다. 곤란에 빠져도 좌절하지 않고 해결해 나가는 기쁨을 가르쳐 주십니다. 자신을 미워하는 사람마저 사랑하는 힘을 주십니다. 우리 안에 영혼의 힘이 있다면 이러한 용기가 솟아나게 될 것입니다."

'그렇구나. 영혼의 힘이 있다면 좌절하지 않겠구나.'

만지로는 왠지 몸 안에서부터 사람들의 차별과 따돌림에 굴하지 않는 힘이 솟아나는 것을 느꼈다.

그 후 만지로는 일요일마다 선장 부부와 유니테리언 교회에 다니게 되었다. 만지로가 미국 생활을 시작해 미국을 알아가면서 자신의 나라 일본을 되돌아보게 되었다. 일본에서 당연하다고 생각한 것들이 미국에서는 통하지 않았다. 그 차이점에서 장

점과 단점을 알게 되었다.

　일본에서는 신분 구별이 엄격했다. 신분이 높다고 신분이 낮은 사람들을 업신여기는 사람들이 많았다. 일본은 상대의 신분에 따라 사용하는 말과 인사법까지 달랐다.

　미국에서는 일본과 같은 상하의 차별이 없었다. 말도 서로 평등하게 사용했고, 인사도 악수로 통일되어 있었다.

　미국에서는 에이킨 씨도 알렌 자매도 '미스터 존 만'이라고 부르며, 소년 만지로를 한 사람의 신사로 대해 주었다.

　하지만 미국은 여러 인종의 사람이 살고 피부색깔 만으로 까닭 없이 싫어하거나 차별하는 사람들이 있었다. 만지로는 그것 때문에 마음의 상처도 많이 받았다. 미국은 인종차별이 존재할 뿐만 아니라 노예도 있었다.

　하지만 미국에는 노예제도를 철폐하고 인종차별을 없애자고 하는 운동도 있었다. 이를 알았을 때는 크게 감동했다. 일본은 신분제도를 없애자는 운동이 없었다.

　미국에서는 하급 선원이라도 실력이 있으면 상급 선원이 될 수 있었다. 배에서는 피부색에 따른 차별이 없었다.

　일본에서는 아무리 노력해도, 실력이 뛰어나도 조상으로부터 받은 신분은 정해진 것이었다. 사무라이의 자식이 아니면 사무라이가 될 수 없었다. 주군의 아들이면 게으름뱅이라도 주군이 될 수 있었다.

　이러한 사회제도의 차이를 알게 되자 만지로는 미국에 온 것을 행복하게 생각하게 되었다. 만지로는 일본도 이러한 나라가 되어야 한다고 생각했다.

12. 나무통 만들기 수업

농장 일은 끝이 없었다. 만지로도 쉬는 날에는 선장의 농장 일을 도왔다. 만지로도 즐거웠다.

선장은 농부들을 고용해 넓은 농장을 관리하기 쉽게 만들고자, 소를 기르는 외양간과 닭 집 주위에 울타리를 만들었다. 그리고 소를 위한 목초지를 조성하고, 밭을 작물별로 구분했다.

밭에서는 보리·옥수수·콩·감자·호박을 재배했다. 소·말·돼지 등의 가축도 키웠다. 만지로는 짐승에게 사료를 주거나 우리를 청소했다.

만지로는 소나 말을 돌보는 것을 좋아했다. 특히 말을 타고 말을 모는 상쾌한 기분은 말로 표현할 수 없는 것이었다.

역자주: 일본에서는 무사계급이라도 신분이 높지 않으면 말을 탈 수 없었다. 하물며 농어민들이 말을 타는 것은 상상도 할 수 없는 일이었다.

만지로는 농장에서 일하면서 당시로서는 최고의 학문을 배울 수 있는 바틀렛 아카데미에서 고등영어교육과 물리·화학, 특히 항해술을 열심히 배웠다.

1년이 지난 1844년 10월 6일 휘트필드 선장은 윌리엄 앤 엘라이져(William and Elyzer)호라는 포경선을 타고 다시 고래를 잡으러 떠나게 되었다.

만지로는 선장 부인과 함께 집을 지키게 되었다. 하지만 마음에 걱정되는 일이 있었다. 부인이 임신을 한 상태였다. 선장이 없을 때 출산할 예정이었다. 선장도 이를 걱정하고 있었다.

"첫 아기가 태어나는데 아빠가 집을 비우게 돼서 참 아쉽다.

알바티나가 무리하거나 어려움을 겪지 않도록 아메리아 숙모님께 부탁해 놓았다."

만지로는 예전에 아메리아 숙모님 집에서 같이 살면서 정이 많이 들었었다. 숙모님이 가사를 도맡아 주시기로 했다. 출산을 앞둔 알바티나는 마음이 든든했다.

얼마 안 있어 휘트필드 집안에 첫 아기가 태어났다. 이름을 윌리엄 헨리라고 지었다. 아기는 막 핀 꽃잎처럼 부드럽고 순수하고 너무 귀여웠다. 만지로는 아기가 너무 귀여워 열심히 돌보아 주었다.

'나도 아기였을 때가 있었다.'

갑자기 초라한 집에서 등을 구부리고 바느질을 하시고 계실 어머니의 모습이 떠올랐다. 만지로는 자신의 행복함이 어머니에게 미안했다.

만지로는 농장 일을 하고 아기를 돌보면서 이런 생각을 했다.

'매일 이렇게 편하게 살 수 만은 없다. 학교를 졸업하면 일을 해서 독립할 수 있도록 해야겠다.'

만지로는 자신의 생각을 알바티나 부인에게 말씀드렸다. 그래서 나무통 만드는 일을 하면서 기술을 배우기로 했다.

항해사 자격과 나무통 만드는 기술이 있으면 동양인이라도 먹고 살 수 있을 것이라 생각해서였다.

다음 해 1845년 2월 만지로는 뉴베드퍼드에 있는 하지라는 나무통 만드는 장인 집에 들어가 기술을 배우기 시작했다. 고래 기름을 보관하는 나무통은 미국 포경사업에서 없어서는 안 될 귀중한 것이었다.

고래 기름 냄새가 물씬 풍기는 항구 마을에서 목재를 다루는 작업장은 몸 전체가 맑아질 듯한 나무 향으로 가득 차 있었다.

하지만 하지씨 작업장에서는 충분한 양의 식사가 제공되지 않았다. 한창 먹을 18세의 청년 만지로에게 배고픔은 견디기 힘들었다.

휴일이 되면 휘트필드 선장 집에 돌아갈 수 있었다. 알바티나 부인은 살이 빠지고 피곤해 보이는 만지로를 위해 음식을 가득 준비해 주었다.

"존 만, 너! 너무 무리하는 거 아니니? 건강을 해치면 아무 것도 할 수 없다. 그만두고 집으로 돌아와라."

하지만 만지로의 의지는 강했다. 만지로는 포기하지 않고 작업장에서 계속 일을 배우다가 결국 영양실조에 걸리고 말았다.

"그래서 내가 그만두라고 한 거였잖아. 항해사 기술만 있으면 된다."

만지로는 건강체질로 지금까지 감기에 걸린 적이 한 번도 없었다. 하지만 이국땅에서 병이 나자 고향의 가족들 얼굴이 하나씩 떠올랐다.

'어머니가 보고 싶다. 형제들은 뭘 하고 있을까? 고향 도사에 돌아가고 싶다.'

식사를 제대로 하고 집에서 푹 쉬고 나니까 체력도 기력도 점차 회복되었다. 알바티나 부인이 가지 말라고 말렸지만, 만지로는 다시 하지씨 작업장으로 돌아가 기술을 익혔다. 그리고 드디어 나무통을 만드는 훌륭한 기술자가 되었다.

또한 바틀렛 아카데미에서 항해사의 학식과 기술을 몸에 익히게 되었다. 표류한 지 벌써 5년이 지났다. 미국 생활도 3년이 지났다. 만지로는 19세의 믿음직한 청년으로 성장하였다.

13. 포경선 프랭클린호 1등항해사(부선장)

농장에서 돌아와 손발을 씻고 있던 만지로를 밖에서 부르는 소리가 들렸다.

"존 만 잘 지냈니? 할 이야기가 있어서 찾아왔다."

예전에 존 하우랜드호의 승무원이었던 아이라 데이비스였다.

"내가 이번에 프랭클린(Franklin)호의 캡틴이 되었다. 지금 같이 나갈 선원을 모집 중이다. 어때, 만지로! 옛 정분으로 나의 힘이 되어 주지 않을래?"

만지로는 가슴이 두근거리기 시작했다. 항해사 공부를 막 마쳤다. 배운 항해술을 살릴 좋은 기회였다.

하지만 휘트필드 선장이 항해를 나가 집을 비우고 있었다. 선장님께 양해를 구하지 않고 떠나는 것이 마음에 걸렸다. 알바티나 부인은 농장 일과 아이 키우는 일로 힘들어 하고 계셨지만 용기를 내어서 부인에게 자신의 심정을 말씀드렸다.

"정말 좋은 기회가 아니니? 공부한 것을 살릴 수 있고, 너도 바다에 나가고 싶어했잖아? 장래를 위해 경험을 많이 쌓아두는 게 좋을 거야. 농장 일을 계속하면 훌륭한 항해사가 될 수 없다. 농장에는 일할 사람들이 있으니 걱정 말고…."

"저도 사실 혹시 기회가 오면 일본에 돌아가고 싶다는 생각을 하고 있었습니다. 이곳에서의 생활이 정말 행복합니다. 배를 타게 되면 고향에 돌아가고 싶다는 마음을 참을 수 없을 것 같습니다. 물론 귀국하기란 쉽지 않습니다. 하지만 고향에 계신 어머니를 너무 오래 걱정시켜 드리는 것도 마음에 걸립니다."

'어머니'라고 말하는 순간 눈물이 왈칵 쏟아질 뻔했다. 만지로는 눈물을 꿀꺽 삼켰다. 부인은 문득 그런 만지로의 얼굴을 바라보았다. 그리고 작은 목소리로 말했다.

"그래 존 만의 마음을 잘 알겠다. 기회가 왔을 때 용기를 냈으면 좋겠다. 물론 나도 서운하지. 남편도 항해중이고…. 하지만 존 만은 자신의 마음을 속이지 말고 솔직하게 행동했으면 좋겠다."

정말 고마운 말씀이었다. 만지로는 결심했다.

'조국으로 돌아가고 싶다.'

하지만 그것은 아직 어렴풋한 희망이었다. 쉽지 않은 꿈이기도 했다.

만지로는 데이비스에게 일본에 데려다 줄 것을 조건으로 붙였다.

"그렇구나. 알겠다. 쉽지 않은 일이겠지만 일본 근처에 가면 보트를 내려 줄게."

데이비스는 그렇게 약속했다. 대신 만지로의 대우는 가장 낮은 선원인 급사로 항해사 자격도 나무통 만드는 기술도 인정받지 못했다. 누가 봐도 불리한 계약이었지만 만지로는 고향집에 돌아갈 수 있을지도 모른다는 희망을 가지고 배에 올라탔다.

1846년 5월 16일 프랭클린호는 뉴베드퍼드를 출항했다. 대서양을 가로지르는데 한 달이 걸렸다. 도중에 향유고래 두 마리를 잡았다. 다시 남하해 케이프 베르데(Cape Verde)제도의 산티아고(Santiago)에서 땔감과 돼지고기를 보급받은 후, 아프리카 대륙 남단의 희망봉 근처에 갔다가 인도양을 거쳐 동쪽으로 가면서 고래를 잡았다.

예전에 신세를 많이 진 일등 항해사 에이킨 씨가 만지로를 특히 귀여워했다. 이 때문에 선내에서는 많은 선원들이 만지로를 질투하고 미워했다.

"어이 너 중국인이 아니라 일본인이라며. 일본은 악마의 나라야."

"일본은 말이야. 표류한 녀석을 구해 보내줘도 받아주지 않고 대포로 박살을 내버린다고…."

"그래 맞다. 모리슨 호는 대포를 맞고 도망쳤다잖아. 세상 사람들이 모두 아는 사실이야."

역자주: 모리슨(Morrison) 호 사건은 1837년 일본인 표류자 오토키치(乙吉) 등 7명을 태우고 대일통상과 포교를 목적으로 우라가(浦賀) 앞 바다에 나타난 미국의 무역상선 모리슨 호를 에도막부의 '이국선추방령'(異國船打ち拂い令)에 따라 일본 포대가 포격한 사건이다.

"일본 녀석들은 말이야. 인간의 마음이란 게 없다니까. 배에 물과 식량이 떨어져도 사람들이 일본에는 가지 않는다니까."

일본에 대한 비난은 기항(寄港)한 다른 항구에서도 다른 배 선원들에게서도 들은 적이 있었다.

조국을 비난하는 말을 듣는 것은 마음이 아팠다. 하지만 그것은 당연히 비난받을 일이었다.

"그런 악마의 나라 일본은 해군이 쳐 들어가 혼쭐을 내줘야 한다니까."

이렇게 말하는 선원도 있었다. 만지로는 그저 얼굴을 숙이고 참을 수밖에 없었다.

아편전쟁(1860년) 결과로 청국이 영국의 공격을 받아 홍콩을 빼앗겨 식민지가 되었다는 이야기를 들었다.

'전 세계에서 미움을 받는 일본이 그 다음 차례일지 모른다. 지금의 일본을 바꾸지 않으면 위험하다. 하지만 어떻게 바꿀 수 있을까?'

'고향에 돌아가는 것만으로 모든 것이 해결되는 것이 아니다. 만일 일본에 돌아갈 수 있다면 일본을 세계 사람들과 사이좋게 지내는 나라로 만들고 싶다. 우선 쇄국정책을 그만 두게 해야 한다.'

프랭클린 호가 남인도양 한 가운데에 막 당도했을 때였다. 바다 위를 헤엄치는 큰 거북을 발견해 선원들이 흥분했다. 거북 등판만으로 2미터나 되는 큰 거북이었다. 누군가 갑판에서 창을 가져와 던졌지만 잡지 못했다.

만지로는 재빠르게 옷과 신발을 벗고 작은 칼을 손에 든 채, 4미터 높이의 배 위에서 바다 속으로 몸을 날렸다. 이를 지켜본 선원들은 "와"하고 소리 질렀다.

큰 거북을 잡은 만지로는 왼 손으로 거북의 목을 돌려 오른 손에 있는 단도로 거북의 목을 찔렀다.

해수면이 거북의 피로 붉게 물들었다. 거북은 바다 속으로 헤엄쳐 들어가려고 날뛰었지만 만지로는 손을 놓지 않았다. 머지않아 거북은 힘이 빠졌다. 배에서 밧줄을 내려주었다. 밧줄로 거북을 묶어 끌어올렸다. 만지로도 배 위로 올려졌다.

배 위에서는 만지로의 담력과 거북을 잡는 훌륭한 솜씨에 감탄한 선원들이 만지로에게 열렬한 박수를 쳐주었다.

지금까지 만지로를 미워한 선원도 이번 일로 만지로는 용감한 자라는 것을 인정하게 되었다. 만지로를 미워하던 선내 분위기도 이 일로 확 바뀌게 되었다.

만지로는 온 몸으로 싸우는 용맹심을 가진 일본인의 모습을 사람들에게 보여주고 싶었다. 이는 조국의 명예를 걸고 행동한 결과였다.

오랜 항해로 신선한 식량이 부족한 선원들에게 있어 영양가 높은 거북이 고기는 얻기 힘든 식재료였다. 거북이 고기를 맛본 선원들은 크게 기뻐했다.

수단 해협을 빠져 나가 티모르(Timor) 섬에서 물·땔감·식량을 조달받은 후 한 달 동안 휴식을 취했다. 그리고 배를 수리하기 위해 괌(Guam) 섬에 10일 동안 기항했다.

1847년 12월 12일 괌에서 만지로는 휘트필드 선장께 편지를 보냈다.

"선장님과 의논도 하지 않고 마음대로 배에 승선하게 되었습니다. 정말 죄송합니다."

또한 편지에 중요한 말도 적어 놓았다.

"제가 만일 일본으로 귀국하게 된다면, 포경선들이 일본에서 물자를 보급받을 수 있도록 일본을 개항시키고 싶습니다."

"우리 배는 앞으로 류큐국 오키나와로 갈 것입니다. 그곳에서 무사히 상륙할 수 있는 기회를 엿볼 생각입니다."

만지로는 위험을 각오하고서라도 귀국하고자 했다.

괌을 출발한 배는 일본 근해로 향했다. 우선 오가사하라(小笠原)의 치치섬(父島)에 기항했다. 오가사하라는 오늘날 일본 땅이지만 당시는 일본 영토가 아니었다. 내항한 배에 야채를 공급하는 미국인을 만났다.

다시 오가사하라를 출발한 프랭클린호는 류큐국 근해를 통과하게 되었다. 드디어 결행의 순간이 다가왔다.

'나라와 나라가 교류하는 것은 다른 나라에서는 당연한 일이다. 일본도 개항을 해야 한다. 개항의 필요성에 대해서 말할 수 있는 사람은 나 밖에 없다.'

'개항하지 않으면 일본이 전 세계의 적이 될 수밖에 없다. 공격을 받으면 이길 수 없다. 이대로라면 멸망이 불가피하다.'

'하지만 귀국한다 하더라도 고향 도사의 한 구석에 살던 풋내기 어부의 말을 나라의 높은 분들이 들어줄 리 없다.'

만지로도 이를 잘 알고 있었다.

'그래도 돌아가지 않으면 아무 것도 할 수 없다. 어떻게 해서든 상륙에 성공하고 싶다.'

이렇게 결심하자 불안감에서 오는 긴장감을 떨쳐 버리고자 하는 마음이 뒤섞여 심장이 몹시 두근거렸다.

드디어 류큐국의 산이 안개처럼 눈에 들어왔다. 아이라 데이비스 선장의 목소리가 들렸다.

"보트를 내려라."

14. 만지로의 귀국 도전

　보트에는 선장을 포함해 7명이 타고 있었다. 노를 저어 류큐국에 도착했다. 이를 발견한 주민 10여명이 두려워하며 멀찍이 둘러서서 지켜보고 있었다. 누군가 이를 알렸는지 관리처럼 보이는 두 명의 사무라이가 다가왔다.
　만지로는 거의 잊어버린 고향 도사 사투리로 열심히 설명했다. 하지만 말이 통하지 않았다.
　"상륙을 허락할 수 없다. 돌아가라."
　상대는 돌아가라고 손을 저을 뿐이었다.
　"저는 일본인입니다. 일본에 돌아가고 싶습니다."
　아무리 말해도 상대를 해주지 않았다.
　일본인이 외국인들과 같이 있어서 그럴 것이라 생각하면서도 만지로는 크게 충격을 받았다.
　'일본인인데 일본에 돌아갈 수 없다니 정말 너무 심하다. 그래서 외국인들이 일본인을 돼지머리라고 하는 것이다. 하지만 포기하지 않겠다.'
　당시 류큐국(오늘날 오키나와)은 일본 영토가 아니었다. 독립국이던 류큐국을 사츠마 번의 관리들이 지배하고 있었다. 이곳까지 일본의 쇄국정책이 영향을 미치고 있었다. 목적을 이루지 못했지만 데이비스 선장은 약속대로 협력해 주었다.

　그 후 괌에 기항했을 때 프랭클린호에 큰 일이 발생했다. 데이비스 선장이 갑자기 이유도 없이 폭력을 휘두르기 시작한 것이다. 선원에게 총을 겨누는 일도 있었다. 선장은 오랜 선상생활로 정신쇄약 병에 걸려 폭력을 절제하지 못했다. 위험을 감지한 선원들이 모의해 선장을 방에 감금하는 일이 발생했다.

필리핀의 마닐라(Manila)에는 미국 영사관이 있었다. 선장을 마닐라 병원에 입원시켜 치료를 받은 후 미국으로 돌려보내려고 마닐라로 향했다.

역자주: 마닐라는 필리핀(Philippines)의 루손(Luzon)섬 남서부에 있는 수도이다. 1521년 마젤란이 스페인 왕실후원으로 발견하고, 1565년 스페인에 정복되어 식민지가 되었다. 1834년에 마닐라항이 개항되어, 그후 마닐라는 정치・경제・문화의 중심지가 되어 동양의 진주라 불릴 만큼 가장 활기 넘치는 서구식 도시가 되었다. 그때 이미 미국 영사관이 개설되어 있었다. 필리핀이 370여년간 스페인의 지배에 있다가 미국과 스페인의 전쟁으로 미국이 승리하면서, 1898년 6월 12일 독립되어 미국화되었다. 1942년 1월 일본이 마닐라를 점령하였다가 1945년 전쟁에 진후, 1946년 7월 4일 독립되었다.

그런데 마닐라 근처에서 갑자기 바다가 거칠어졌다. 많은 선원들이 재빠르게 행동하기 위해서는 지휘할 선장이 필요했다. 배는 혼란 상태에 빠졌다.

"에이킨 씨 선장 대신 지휘를 해 주세요. 제가 조수를 맡겠습니다."

만지로의 주장으로 에이킨 씨가 지휘봉을 잡게 되었다. 만지로는 방향키를 잡았다. 그 결과 배는 위기를 모면할 수 있었다.

이 사건은 선원들에게 안심감을 주었다. 만지로에 대한 신뢰감이 점점 깊어져 갔다.

1848년 1월에 마닐라의 미국영사관이 선장의 입원과 송환수속을 맡아 주었다. 그리고 선원들의 투표로 선장을 정하게 되었다. 결국 에이킨 씨와 만지로가 동점 표를 얻었다.
"당연히 대선배님이신 에이킨 씨가 선장을 맡으셔야 합니다."
"좋다. 그렇다면 존 만 너는 내가 하던 일을 담당해라."
이렇게 해서 만지로는 하급 선원에서 일약 일등항해사 겸 부선장 역할을 맡게 되었다.

마닐라를 떠나 고래잡이를 계속했다. 프랭클린호가 항해를 한 지 3년이 되었다. 6월경 일본 본섬 북부 바다에 갔을 때의 일이다. 갑자기 바다색이 변했다. 가다랑어 떼가 몰려 온 것이다.
"일본 배들이다. 가다랑어를 잡고 있다."
20척이 넘는 일본 어선들이 가다랑어를 잡고 있었다. 낚시에 잡힌 가다랑어들이 비늘을 번쩍이면서 힘차게 배 위로 올려지고 있었다.
만지로도 이전에는 어부였다. 만지로는 보트를 내려 그들에게 가까이 다가갔다. 하지만 외국 배를 본 어부들은 경계하면서 다른 곳으로 달아나듯 이동하는 것이었다. 만지로는 일본인처럼 보이기 위해 기모노를 입고 머리띠를 매고 있었다. 그리고 배에 다가가서 열심히 말을 걸었다. 두 척의 배에 다가가 어부들에게 말을 걸 수 있었다. 먼저 비스켓을 그들에게 권했다. 하지만 긴장한 탓인지 만지로의 입에서 먼저 영어가 나오고 말았다. 실수했다고 생각했다.
"전 일본인 표류자입니다."
가능하면 일본어로 설명하려고 노력했지만 만지로는 도사 사투리였고 상대는 동북 사투리였다. 서로 사투리가 달라 말이 통하지 않았다. 더욱이 외국배에서 사람이 왔기 때문에 피해서 다른 곳으로 가 버렸다. 귀국하기란 쉽지 않다는 것을 다시 한 번 뼈저리게 실감하는 순간이었다. 만지로는 슬펐다.

'그들이 진정 어부라면 표류자를 그냥 보내면 안 되는데…, 외국배를 본 것만으로 일본인인 나를 내버려 둔 채 가 버리다니…. 어부들마저 나를 버렸다.'

프랭클린호는 1848년 10월 17일 호놀룰루에 도착했다. 이곳에는 일본인 어부 동료들이 체류하고 있었다. 네 명의 동료를 다시 만날 수 있다고 기대했는데, 만난 것은 도라에몽 혼자뿐이었다. 이곳에서 목수 일을 하고 있는 도라에몽이 그간의 사정을 이야기해 주었다.

"불쌍하게도 쥬스케는 병으로 죽었다. 후데노죠와 고에몽 형제는 플로리다2호가 일본 귀국을 도와준다고 해서 그 배를 타고 떠났다. 벌써 도착했을 지도 모른다. 난 일본에 돌아가고 싶은 마음이 없어서 여기서 이렇게 살고 있다."

모처럼의 기회였다. 후데노죠와 고에몽을 만날 수 없어서 아쉬워했는데 프랭클린호가 정박하고 있는 동안 플로리다2호가 하와이에 다시 입항했다. 후데노죠와 고에몽이 폴로리다2호를 타고 되돌아온 것이다. 옛 동료 넷은 우연한 만남에 서로 부둥켜 안고 기뻐했다.

"만지로 너 무사했구나. 이제 어른이 다 되었네."

"선장님, 고에몽 형님 이렇게 다시 만나서 너무 기뻐요. 전 두 분이 귀국하셨다고 생각하고 있었어요."

후데노죠는 현지 사람들이 부르기 쉽게 이름을 덴죠(伝蔵)라고 부르고 있었다. 이야기를 들으니 둘은 플로리다2호를 타고 일본 하치죠지마(八丈島)로 갔지만 풍랑이 너무 거칠어 보트를 댈 수가 없어서 북해도 마츠마에(松前)로 이동해 보트로 쿡스 선장과 상륙했다. 하지만 해변에 있던 사람들이 모두 달아나고 말았다. 집에 들어가도 사람이 안 보여 선장은 두 사람을 여기에 남겨두고 가는 것이 위험하다고 판단해 둘을 다시 배에 태우고 돌아왔다는 것이다.

"귀국하는 게 보통 어려운 일이 아니야. 다시 계획을 잘 세워야겠어."

덴죠는 한숨을 쉬었다. 안이한 계획으로는 두 사람의 전철을 밟을 수밖에 없다고 만지로도 생각했다.

만지로는 호놀룰루에서 제임스 데몬 목사를 알게 되었다. 만지로에게는 행운의 만남이었다. 데몬 목사는 6년 전에 미국에서 선교사로 호놀룰루에 와 있었다. 그는 하와이에 기항하는 선원들을 위한 월간지 '프렌드'를 간행하고 있었다. 데몬 목사는 후에 만지로가 일본에 돌아갈 때 큰 도움을 준 사람이다.

프랭클린호는 다시 출항해 고래잡이를 계속했다. 인도네시아 세람(Seram) 섬에 들렀을 때 휘트필드 선장님의 아들 헨리에게 줄 선물로 앵무새를 샀다. 헨리에게 앵무새를 보여줄 것을 생각하니 절로 웃음이 났다.

"헬로 헨리."

"헬로 헨리."

만지로는 앵무새에게 헨리 이름을 부를 수 있도록 반복해서 훈련시켰다.

배는 티모르 섬에서 인도양을 지나 서쪽으로 갔다. 그리고 아프리카 희망봉을 돌아 대서양으로 나아갔다.

드디어 휘트필드 선장 부부가 사는 가정으로 돌아가게 되었다. 고향으로 돌아가는 꿈은 이루지 못했지만 만지로에게는 기쁘게 맞이해 줄 제2의 고향이 있었다.

1849년 9월 프랭클린호는 3년 반의 항해를 마치고 약 500마리 분의 고래 기름을 가지고 귀항했다.

견디기 힘든 시련도 있었다. 하지만 프랭클린호를 탄 경험은 청년 만지로를 한 사람의 인간이자 항해사로 크게 성장시켰다. 이는 마치 바다라는 대학에서 항해술을 연수한 것과 같은 값진 경험이었다.

만지로가 돌아온다는 연락이 갔는지 휘트필드 선장 부부가 항구에서 기다리고 있었다.

휘트필드 선장은 작년(1848년) 7월에 집에 돌아와 있었다. 5년만의 재회였다.

"선장님 말씀도 드리지 않고 떠나서 죄송합니다."

"괜찮다. 넌 항해사잖아. 진정한 선원이 되어서 무사히 돌아왔는데 축하를 해야지."

"그런데 헨리는요? 재롱을 많이 부리죠? 이거 헨리 선물입니다."

말이 끝나자마자 두 사람의 얼굴이 어두워졌다. 선장이 고개를 숙이고 말했다.

"불쌍하게도 헨리는 지금 천국에 있다."

"아니, 무슨 말씀입니까? 많이 자란 헨리를 만날 수 있다고 생각했는데…"

제2부 미국유학, 귀국도전과 귀향

만지로는 몸에서 힘이 쑥 빠져 나가는 기분이었다. 에메랄드 색 눈, 귀여운 작은 손, 한 점 티도 없는 그 순결한 아기가 죽다니… 왜? 그 아기가? 만지로는 잠시 아무 말도 할 수 없었다.
아무 것도 모르는 앵무새가 소리쳤다.

"헬로 헨리."
"헬로 헨리."

헨리가 이젠 이 세상에 없다고 생각하니 만지로의 가슴에 마치 동굴에 바람이 불어와 쓱하고 빠져나간 느낌이 들었다.

농장에서 쉬는 것도 세 명이 다시 모인 것도 알바티나 부인의 따뜻한 요리를 먹는 것도 오랜만이었다.
"이제 제법 남자다워졌구나, 존 만! 처음 타고 나간 배에서 부선장이 된 건 대단한 거야. 정말 훌륭하다."
선장도 알바티나 부인도 만지로가 돌아온 것을 진심으로 기뻐해 주었다.

15. 귀국자금 마련을 위한 캘리포니아 금채취

　만지로는 과학문명과 사회제도가 발전한 미국이 좋았다. 존경할 만한 미국인, 친한 친구도 적지 않았다. 그래도 만지로는 일본인이었다. 역시 고향에 돌아가고 싶다고 생각했다.
　만지로는 날이 갈수록 마음 속에서부터 강렬한 사명감으로 불타오르는 것이 있었다.
　'일본의 발전이 늦은 이유는 쇄국정책 때문이다. 일본이 전 세계에서 미움을 받은 것도 다 쇄국 때문이다. 일본의 항구를 개항시키기 위해서라도 내가 꼭 돌아가야 해.'
　이러한 생각이 머릿속에서 떠나지 않았다.
　'그 때를 위해 계획과 준비를 확실히 해두자. 계획을 실행에 옮길 비용이 필요하다.'
　하지만 프랭클린호에서 받은 배당금으로는 턱없이 부족했다. 바로 그때 친하게 지내는 테리가 '골드러시(goldrush)' 이야기를 하러 찾아왔다. 캘리포니아에서 금이 나왔다고 난리였다. 1849년에 시작된 골드러시로 일확천금을 꿈꾸며 동쪽 캘리포니아로 너도 나도 금을 채취하러 떠났다.
　"어때 같이 가보지 않을래? 남이 성공한 이야기만 하지 말고 우리도 가서 보란듯이 성공해 보자고. 배를 타는 것보단 훨씬 수입이 많을 거야."
　"테리 너도 갈거니?"
　"물론 나도 가서 돈을 벌어야지. 하지만 난 금이 아니라 금을 채취하는 사람들을 상대로 장사를 하려고 해. 이곳에서 일상생활에 필요한 잡화를 사서 마차에 싣고 갈 거야."

"사실은 나도 돈이 필요해. 한 번 같이 가볼까?"

"가더라도 도구는 그곳에 가서 사면 안 돼! 여기서 준비해 가는 게 나아. 거기 가서 사면 네, 다섯 배는 비싸다."

테리는 많은 정보를 가지고 있었고 자신이 넘쳐 보였다.

만지로는 테리에게 들은 이야기와 다른 곳에서 얻은 정보를 토대로 계획을 세웠다. 테리에게 들은 대로 금채취에 필요한 도구를 10달러 정도에 모두 갖추었다.

"조심해라. 금산에는 정말 나쁜 녀석들도 많다. 이렇게 될 지도 모른다."

테리는 권총으로 쏘는 제스처를 해 보였다. 그리고 현지는 치안이 좋지 않고 사건이 끊이지 않는다고 충고해 주었다.

"알겠다. 그럼"

만지로는 호신용 권총을 두 자루 구입했다.

만일 목숨이 위험하면 권총으로 자신을 보호하기 위해 카우보이 모자의 차양을 움직이면서 권총을 뽑는 연습을 해 두고 이를 손에 익혔다.

샌프란시스코까지는 배로 갔다. 선원으로 배를 타면 운임을 지불할 필요도 없고 식비도 들지 않는다. 만지로는 샌프란시스코로 가는 목재 운반선 스티글리츠(Stieglitz)호의 선원이 되었다.

그 무렵 '오! 수재너(Oh! Susanna)'라는 노래가 유행했다. 항해중 만지로도 선원들도 반죠(Banjo)라는 발현악기를 치면서 여자 친구를 찾으러 여행을 떠나는 기분으로 '오 수재너 울지마!'라는 노래를 자주 불렀다.

역자주: '오 수재너'는 스티븐 포스터(Stephen Foster)가 작곡한 곡이다. 가사의 원작자는 알 수 없다. 일본에서 불린 가사는 츠가와 게이이치(津川圭一)가 번역한 것이다. 원가사와는 많이 다르다.

남극에서 가까운 케이프 혼(Cape Horn)을 돌아 샌프란시스코에 도착한 것은 다음 해(1850년) 5월 하순이었다. 여관에 3일 동안 묵으면서 먼저 금산에 대한 정보를 수집했다. 그리고 캘리포니아주 새크라멘토(Sacramento)까지 증기선으로 하루, 목적지인 금산까지는 마차를 타고 5일이나 걸려 도착했다.

만지로는 이번 여행으로 미국의 밝은 모습과 어두운 모습을 확실히 보게 되었다.

'미국은 활발히 움직이고 있다. 어디에 있어도 편지를 보낼 수 있다. 증기로 움직이는 배도 있고, 먼 거리일지라도 철로를 깔아 달리는 증기기관차도 있다. 증기기관차가 여러 차량을 연결해 많은 사람들을 태워 끌고 가는 것이 신기하다. 미국은 역시 대단한 나라다.'

'하지만 이곳 금산에는 금을 손에 넣기 위해 타락한 인간들이 너무 많다. 수상한 가게들도 너무 많다.'

새크라멘토에서 테리를 만났다. 테리는 금채취 경기가 좋아서 이익을 많이 남기고 있었다. 준비해 온 물건이 거의 다 팔려 곧 돌아가려는 참이었다.

만지로는 금산을 도맡아 관리하는 보스를 만났다. 이마와 어깨가 넓은 갱(gang) 같은 남자였다.

"숙박과 숙식 제공에 하루 6달러다. 어때 조건이 좋지? 나에게 와서 일해라!"

그는 네덜란드계 미국인이었다. 만지로는 당장 숙박할 곳도 없었다. 우선 일을 파악할 때까지 이곳에서 머물기로 했다.

작업장이 있는 강은 사금을 캐는 남자들로 붐비고 있었다. 한 남자가 삽으로 강바닥을 퍼내자 물이 사방으로 튀었다. 대부분의 사람들은 강바닥의 모래를 퍼내 평평한 체에 자갈과 모래를 걸러서 금을 찾았다. 만지로도 그들과 동료가 되었다.

"금은 가장 무거우니까 먼저 자갈과 모래를 흘려보내고 만약 금이 있다면 마지막에 남은 것들 속에 가라앉아 있다."

테리가 지겨울 만큼 들려준 이야기였다.

강바닥을 퍼냈지만 대부분이 자갈이었다. 체에 거르고 걸러 자갈과 모래를 흘려보내자 아무 것도 남지 않았다. 다시 강바닥을 삽으로 퍼냈다. 같은 동작의 반복이었다. 역시 아무 것도 남지 않았다. 온종일 강바닥의 모래를 퍼내서 체로 거르고, 또 퍼내서 체로 거르는 작업의 반복일 뿐이었다.

차가운 강가에 서서 다음 날도, 그 다음 날도 체로 걸러 흘려보내는 일 밖에 없었다. 금은 쉽게 찾을 수 있는 것이 아니었다. 주위에는 포기하고 돌아가는 사람들이 많았다. 하지만 만지로는 포기할 수 없었다.

그러는 사이에 작은 사금을 조금 발견하기도 했다. 어느 날 체에 남은 것을 보니 사금 알이 아니었다. 금이라고 하기에는 너무 컸다.

"금은 말이야. 번쩍 번쩍 빛나지 않는다."

이렇게 사람들이 말한 것이 떠올랐다. 하지만 지금 눈 앞에 있는 건 희미하게 빛나고 있었다.

"보스! 이거 금 아닙니까? 금 치고는 좀 큰 것 같은데…"

"아니 이건 금이잖아. 진짜 금이다. 이렇게 큰 금은 정말 귀하다."

보스는 너무 기분이 좋아 만지로에게 럼주를 한 병 사줬다.

그 금은 8파운드 2온스(약 3.6킬로)로 당시 시가로 2000달러가 넘는 것이란 것을 나중에 알게 되었다.

보스는 큰 돈이 손에 들어오자 도박장에 가서 대금을 모두 날리고 말았다. 보스가 무일푼이 되자 30일을 일한 만지로는 급료를 받을 수 없었다. 싸우면 위험하다고 생각한 만지로는 그곳에서 몸을 빼고 독립하기로 마음먹었다.

만지로는 금을 채집할 권리를 사서 70일 동안 끈질기게 일했다. 모인 사금을 돈으로 바꾸자 600달러가 되었다. 프랭클린호에서 3년간 일하고 받은 돈이 370달러였던 것을 생각하면 채산성이 좋았다.

포경선에서는 고래를 한 마리도 발견하지 못하는 날이 많았다. 포경선을 탄 덕에 포기하지 않고 금채취 일을 계속할 수 있었던 것이다. 고래잡이는 몇 달 동안 한 마리도 못 잡아도 고래잡이를 계속해야 하기 때문이다.

'이제 이걸로 일본에 돌아갈 수 있을 것 같다. 여긴 오래 있을 곳이 못된다. 사고가 일어나기 전에 떠나자. 우선 하와이로 가서 넷이서 고향으로 돌아가자.'

고향에 돌아갈 때는 십년 전에 하와이에서 헤어진 어부 동료들과 반드시 같이 돌아가기로 결심했었다.

16. 하와이 사람들의 선의와 데몬 목사

샌프란시스코에서 하와이로 가는 무역선을 탄 만지로는 1850년 10월 10일 하와이에 도착하자마자 도라에몽을 만나러 갔다. 덴죠와 고에몽을 불러 3년만의 재회를 서로 부둥켜 안고 기뻐했다.

만지로가 꺼낸 귀국 이야기를 듣고 도라에몽은 고개를 저었다.

"하지만 도라에몽을 두고 우리끼리만 돌아갈 수 없다. 고향 도사에 돌아가서 사람들에게 어떻게 도라에몽 혼자 두고 왔다고 말할 수 있겠니. 난 그렇게 할 수 없다."

덴죠가 열심히 설득했지만 도라에몽은 마음을 쉽게 바꾸지 않았다.

"미안해요. 난 여기 하와이가 좋아요. 일본보다 자유롭고 목수 일을 하면서 살 수 있고, 지금은 결혼해 아내도 있잖아요. 위험을 무릎 쓰고 고향에 돌아갈 마음은 없어요."

도라에몽의 본심을 알게 되자, 더 이상 무리하게 데려갈 수 없었다. 결국 셋이서 일본으로 돌아갈 이야기를 나누었다.

계획은 다음과 같았다.

첫째, 포경선에서 사용하는 보트와 도구를 구입해 배에 싣고 류큐국 근처에서 보트를 내려서 상륙한다.

둘째, 이를 위해 포경선 혹은 류큐국 근처를 지나는 중국행 무역선을 찾는다.

만지로는 지난 번 경험으로 직접 일본에 상륙하는 것보다는 류큐국에서 상륙허가를 받아 일본에 들어가는 것이 귀국 가능성이 높을 거라 생각하고 있었다.

상해로 가는 멕시코 무역선이 하와이에 입항했다. 만지로는 그 배의 선장을 만나러 갔다.

"선원으로 열심히 일하겠습니다. 하지만 저희들 사정이 있어서 그러니 저희 보트를 배에 싣고 류큐국 근처까지 데리고 가 주시지 않겠습니까?"

"마침 이곳에서 네 명의 선원이 배에서 내리니까 선원을 고용할 참이었지만, 세 명이 도중에 빠지면 상해까지 가는데 사람이 부족한데…"

휘트모어(Whitmore) 선장은 쉽게 승낙해 주지 않았다.

"좋습니다. 그렇다면 두 사람만 내려 주십시오. 전 배에 남아서 두 사람 분의 일을 하도록 하겠습니다. 상해에 도착해서 일본으로 가는 배를 찾도록 하겠습니다."

만지로가 열심히 부탁하자 선장의 마음이 움직였다. 그리고 승낙을 받아냈다.

하와이에 선교사로 와 있던 데몬 목사님은 여러 가지 준비를 도와주었다. 상륙에 사용할 보트도 목사님의 주선으로 구입할 수 있었다. 포경선에 있는 보트보다는 작았지만 만지로가 찾고 있던 튼튼한 보트였다.

이 보트를 목사님께서 어드벤쳐(Adventure)호라는 이름을 붙여 주었다. 그리고 하와이 지방 신문인 '폴리네시안(Polynesian)'지에 만지로 일행을 소개하고, 나침반·엽총·의복·구두·항해

달력 등이 있으면 지원을 부탁한다고 게재했다.

그 덕에 필요한 물품들을 모두 갖추게 되었다. 전혀 모르는 일본인들이었지만 귀국하기 위해 목숨을 걸고 모험하려는 이들의 용기에 많은 사람들이 찬사를 보내고 응원해 준 것이다.

만지로는 하와이 사람들의 호의가 너무 고마워 눈물이 날 것 같았다. 이별의 시간이 다가왔다. 만지로는 데몬 목사님의 손을 꼭 잡았다.

"데몬 목사님과 하와이의 많은 사람들이 큰 선의를 베풀어 주셨으니, 저희들은 꼭 일본에 무사히 귀국하겠습니다."

세 사람을 태운 상해행 무역선 사라보이드(Sarah Boyd)호는 1850년 12월 17일 호놀룰루를 출항했다.

만지로는 이대로 일본에 돌아간다고 휘트필드 선장님께 말하지 않았었다. 금산에 간 뒤 어떻게 할지 정하지 않았기 때문에 출항 전에 휘트필드 선장님께 편지를 적었다.

"선장님! 제가 어릴 때부터 어른이 될 때까지 길러 주신 사랑과 은혜는 결코 잊을 수 없습니다. 전 지금 덴죠, 고에몽과 함께 귀국하려고 합니다. 은혜도 갚지 못하고 이대로 귀국하는 배은망덕을 부디 용서해 주십시오. 세상이 좋게 변하고 있으니 꼭 다시 만날 수 있다고 믿습니다. (후략)"

휘트필드 선장님 부부의 모습이 떠오르자 만지로는 눈이 충혈되면서 눈물이 흘러내렸다. 눈물이 방울져 떨어질 때마다 주먹으로 눈물을 훔쳤다.

'사실 평생 선장님과 같이 살고 싶었다. 하지만 그 마음을 참고 지금 일본으로 간다. 선장님! 용서해 주세요.'

17. 드디어 류큐국에 상륙하다

바람 방향이 좋지 않았다. 사라보이드호가 류큐 근해에 도착하는데 48일이나 걸렸다.

만지로는 휘트모어 선장에게 머리 숙여 부탁했다.

"약속하신 대로 두 사람을 내려 주십시오. 저는 상해까지 함께 가겠습니다."

선장은 크게 고개를 끄덕였다. 만지로와 선장의 대화를 우연히 들은 덴죠는 무척 놀랐다. 덴죠는 두 사람 사이에 그런 약속이 오갔던 것을 모르고 있었다.

"여기까지 온 것은 모두 만지로 네 덕분이다. 하지만 우리들만 여기서 상륙한다면 그건 사람의 도리가 아니다. 같이 상해로 가자. 어디라도 함께 가겠다."

덴죠의 말을 들은 휘트모어 선장은 덴죠를 설득했다.

"일본에서는 한 번 해외에 나간 자는 다시 입국할 수 없다고 들었다. 어쩌면 사형을 당할 지도 모른다. 오히려 나는 너희들이 미국으로 돌아가는 게 나을 것 같다. 상해에 가면 미국행 배는 얼마든지 있다. 귀국은 포기하고 그렇게 했으면 좋겠다."

역자주: 에도 막부의 추방령(1638-1855)에 의하면 외국에 나가 그곳에 체류한 자는 귀국하면 사형에 처해진다. 하지만 실제로 처형된 사람은 없었다.

"하지만 선장님! 우리들은 그 동안 귀국하기 위해 많은 고생을 해 왔습니다. 여기서 계획을 포기한다면 모든 것이 물거품이 되고 맙니다. 덴죠 두 형제라도 돌아갈 수 있게 도와주세요."

만지로의 말을 들은 덴죠도 물러서지 않았다.

제2부 미국유학, 귀국도전과 귀향 *103*

"만일 누군가 배에 남아야 한다면 내가 남겠습니다. 내가 상해까지 가겠습니다."

"그건 안 됩니다. 저도 나중에 꼭 뒤따라 귀국하겠습니다."

휘트모어 선장은 다시 한 번 말했다.

"물론 나도 너희들의 귀국에 협력하고 싶지만 귀국이 위험하다는 걸 알면서도 돕는 다는 것이 마음에 내키지 않는다. 세 명 모두 여기서 단념했으면 좋겠다."

만지로는 선장의 눈을 응시하다가 선장의 손을 잡고 말했다.

"선장님의 마음은 잘 알겠습니다. 감사합니다. 하지만 고향에 어머니가 계십니다. 여기까지 와서 그냥 돌아간다면 아들로서의 도리가 아닙니다. 죽음은 이미 각오하고 왔습니다. 일단 상해로 가서 꼭 일본으로 돌아갈 겁니다."

만지로의 한결같은 자세에 휘트모어 선장은 눈을 깜박이며 목소리를 낮춰 말했다.

"그래 좋다. 존 만! 네 어머니 이야기를 들으니 나도 뭐라고 할 말이 없다. 그래 너도 같이 내려라. 상해는 여기서 그렇게 멀지 않으니 우리들끼리 어떻게 할 수 있을 거다. 자 모두 상륙 준비를 해라."

"휘트모어 선장님! 정말, 정말 감사합니다."

사라보이드호는 류큐국 산이 보이는 곳까지 배를 이동시켜 닻을 내리고 하룻밤을 기다렸다.

다음 날은 바다가 잔잔했다. 오키나와 본섬 약 10킬로 정도에서 배를 대고 짐을 실은 어드벤쳐 호를 바다 위에 내렸다.

"나도 너희들이 무사히 돌아갈 수 있도록 기도하겠다."

그렇게 말하고 휘트모어 선장은 많은 식량과 바다 지도를 보트에 실어 주었다. 세 명은 선장과 선원들에게 감사의 인사를 하고 보트에 올라탔다. 얼마나 기다리던 고향행인가?

만지로는 돛을 올렸다. 바람을 탄 보트가 파도를 가르며 달리기 시작했다. 휘트모어 선장은 얼마 동안 망원경으로 만지로 일행을 지켜보다가 배의 방향을 서쪽으로 돌렸다.

도중에 갑자기 북서풍이 불어왔다. 바다가 거칠어져서 어드벤쳐호의 돛을 내렸다.

또 다시 표류하고 싶지 않다며 고에몽은 두려워했다. 하지만 만지로는 두 사람의 마음을 안정시키고 힘차게 노를 저어 나아갔다. 노가 네 개나 있었지만 만지로 혼자만 노를 저었다.

그 동안 수많은 단련을 받았지만 거칠어진 바다를 혼자서 노를 젓는 일은 그리 쉽지 않았다. 바닷가에 도착하니 새벽 2시경이었다. 여기까지 오는데 10시간 정도 걸렸다. 갑자기 피로가 만지로를 엄습했다.

닻을 내리자 덴죠가 고개를 숙이고 말했다.

"만지로! 혼자 고생을 많이 했다. 피곤할 텐데 여기까지 왔으니 상륙한 거나 마찬가지다. 상륙은 내일하자. 먼저 먹을 것을 먹고 쉬어라."

바라고 바라던 류큐국 상륙이 바로 눈 앞에 다가왔다.

'어머니 저 드디어 여기까지 왔습니다. 조금만 기다리세요.'

'내일은 어떻게 될까?'

마음이 흥분되어 가만히 있을 수 없었다.

그 날 밤은 보트에서 잤다. 만지로는 닻줄이 바위에 걸려 끊어지지 않을까 걱정이 되었지만 피곤했던지 새벽녘에는 깊이 잠들고 말았다.

산호초로 둘러싸인 주변은 바닷물이 야트막한 곳이었다. 썰물 때 물이 빠지면 갯벌이 되기 때문에 걸어서 갈 수 있었다.

물이 많이 빠진 11시경에 그래도 일본어를 덜 잊어버린 덴죠가 먼저 상륙했다. 물이 빠질 때 빠져나가지 못하고 갯벌의 웅덩이에 남은 물고기를 잡기 위해 사람들이 몰려 왔다. 갯벌에서 만난 류큐국 사람에게 말을 걸자, 한 번도 보지 못한 서양옷을 입은 것을 보고 이국인이라 생각하고 달아나고 말았다. 그 중에는 이야기를 나눈 사람도 있었지만 상대는 류큐국 사람이고, 이쪽은 도사 사람이다 보니 서로 말이 통하지 않았다.

다음으로 만지로도 상륙했다. 보트가 떠내려가지 않도록 고에몽은 보트에 남았다.

운 좋게 일본어를 아는 사람을 만났다.

"여기가 어딥니까?"

"마부니(摩文仁, '오키나와 평화기념공원'이 있다)"

오키나와 본섬 남단에서 가까운 곳이었다.

사정을 이야기하자 친절하게 대해 주었다.

"큰 고생 하셨군요! 제가 잘 연락을 하도록 하겠습니다. 걱정하지 마십시오."

"배를 묶어 둘 곳이 있습니까?"

"좋은 선착장이 있습니다. 그쪽으로 가서 묶어 두십시오."

가르쳐 준 바닷가로 배를 돌리자 그곳에 마을 사람들이 있었다. 물병을 보여주고 물을 청하자 친절하게 물과 찐 고구마를 가지고 왔다. 만지로 일행은 바닷가에서 식사를 하고, 물을 끓여 커피를 한 잔씩 마시면서 기다리고 있었다.

18. 류큐, 사츠마, 나가사키에서 조사받다

조금 전에 만난 사람이 연락을 한 것인지 수명의 사람들이 와서 만지로 일행의 짐을 가지고 초소로 안내했다. 만지로 일행은 그곳에서 사츠마(薩摩)번 관리들에게 조사를 받게 되었다.

역자주: 기록에 의하면 이 날은 1851년 2월 3일이었다. 표류한 지 만 10년이 지났기 때문에 덴죠(후데노죠)는 47세, 고에몽은 27세, 만지로는 24세가 되었다.

류큐국 관리가 가고시마 사츠마번에 보고하고 지시를 기다리는데 생각보다 시간이 많이 걸렸다. 만지로 일행은 류큐국에서 반년이나 체류하게 되었다. 대우가 너무 좋아서 만지로 일행은 이상하다고 생각했다.

"이건 류큐국의 술이네요. 정말 맛있습니다. 매일 이렇게 진수성찬을 차려주셔서 정말 감사합니다. 그런데 왜 이렇게 잘 대해 주시는지 궁금합니다."

만지로 일행은 자신들을 죄인 취급하거나 죽일 지도 모른다고 생각했었다. 이곳은 일본이 아닌 류큐국이었다. 너무 잘 대해 주는 것이 오히려 부담스럽고 이상했다.

식사를 가져온 사람에게 덴죠가 그 이유를 묻자, 류큐국 국왕의 특별 지시가 있었다고 대답했다.

"국왕께서 도사에서 표류해 온 여러분을 소홀히 대하지 말라고 신신당부하셨습니다. 이전에 류큐국의 배가 도사(土佐)에 표류했을 때 도사 사람들이 친절하게 대해 주었기 때문입니다. 그 때 신세진 은혜를 갚고자 한 것입니다."

'일본에 들어가면 다를 지도 모른다. 낙관은 금물이다.'
일행이 외출할 때는 가마까지 내주었다.

류큐국에서 사츠마번 관리들의 조사 내용은 대략 다음과 같았다.
"도사를 떠나 지금까지 어디에서 무엇을 하고 어떻게 돌아왔는가?"
"미국은 어떤 나라였는가?"
"가져온 물건들을 하나씩 설명해라."
10년간 일본어를 사용하지 않았기 때문에 말을 더듬거릴 수밖에 없었다. 사츠마 관리들은 만지로 일행이 일본인이라는 것조차 의심하게 되었다.
하지만 만지로가 어머니에게 받은 돈사(어부들이 입는 방한복)가 일본인임을 입증하는 증거가 되었다.
세 명의 기억에는 서로 시기가 들어맞지 않는 부분도 있었다. 서양의 달력과 일본의 달력이 달랐기 때문이었다. 날짜를 어떻게 말해야 할지도 고민해야 했다.
소지품 중에는 일본에 없는 물건들이 많았다. 이를 관리들에게 설명하는데 고심할 수밖에 없었다.
관리들은 덴죠 일행과 이야기하면서 점차 이들이 말하고자 하는 바를 이해하게 되었다. 하지만 일본어를 정확히 배우지 않으면 질문에 정확히 대답할 수 없다는 것을 만지로는 알게 되었다.

반년(6개월)이 지나서야 가고시마로 보내졌다. 1851년 8월 27

일(음 8월 1일) 서(西)가고시마의 관청에 도착했다.

사츠마번의 대응에도 깜짝 놀랐다. 범죄자 취급을 할 거라 생각했는데, 음식과 술을 대접하고 만지로 일행에게 담배, 옷 한 벌, 금 한 냥씩을 주었다.

역자주: 쇼군에게 받은 다이묘의 영지와 가신, 무사들, 그리고 영내의 백성들 이를 모두 포함해 '번(藩)'이라 불렀다. 번은 중신(重臣)의 지시를 받은 무사들이 정치를 했다. 일본에는 여러 곳의 번이 있었고, 그곳에 사는 사람들은 자신들의 번을 '나라(國)'라고 생각했다. 번에는 무사들을 강화시키기 위한 교육과 훈련이 있었고, 영내의 도로와 다리를 정비하고 하천의 치수와 산업을 활발하게 하는 사업 등을 실시했다. 이를 위해 연공이나 세금을 모으는 것이 중요했다. 만지로의 '나라'는 도사(土佐)로 '도사번(土佐藩)'이 다스리고 있었다. 무사들의 생활은 식량·생활용품·무구(武具) 등을 생산하는 백성(농어민·직인·상인·예인)들의 경제 활동으로 지탱되고 있었다. 특히 농민의 노동력이 번을 지탱하는 원동력이었다. 영주도 가신도 이들 덕분에 생활한다.

사츠마번의 영주인 시마즈 나리아키라(島津斉彬)는 만지로 일행에게 흥미가 많았다. 그는 이국 사정을 듣고자 이들을 성으로 불러들였다. 당시 번의 영주를 만날 수 있는 자는 가신 중에서도 신분이 높은 사람뿐이었다. 어부가 영주와 대면한다는 것은 있을 수 없는 일이었다.

마을 촌장에게 불려갔을 때도 촌장은 일행을 집안에 들이지 않고 뜰에 앉히고 이야기를 나누었었다. 하지만 영주 나리아키라는 다다미방으로 일행을 불러들였다. 그는 형식에 얽매이지 않는 사람이었다.

영주는 근래 외국선들이 일본 근해에 자주 나타나는 것이 마음에 걸려 그 이유를 조사하고 있었다. 영주는 특히 만지로가 미국에서 항해사 일을 했다는 것에 흥미를 가졌다.

만지로는 질문받는 대로 전신·증기선·기차·우편제도 등 미국의 문명을 열심으로 설명했지만, 영주는 그것보다 중요한 점을 질문해 왔다.

"외국에 살면서 자네가 느낀 일본과 가장 다른 점은 무엇인가?"

"예, 그것은 인간에게 신분의 높낮이가 없다는 것입니다."

"뭐라고?"

만지로의 이야기를 들은 나리아키라는 귀가 솔깃해졌다.

"미국에는 국왕이 없습니다. 왕 대신에 대통령이 있습니다. 대통령직을 '프레지던트'라고 합니다. 모든 국민이 선거를 통해 4년에 한 번씩 새 대통령을 뽑습니다. 덕이 있고 현명한 사람만이 대통령이 될 수 있습니다. 대통령이 외출할 때는 보통 한 명의 수행원이 동행합니다."

"뭐라고?"

영주 나리아키라의 놀란 기색이 얼굴에 드러났다.

역자주: 만지로는 '프레지던트'를 '대통령'으로 처음 번역한 장본인이다. 오늘날 우리가 대통령이라 부르는 것은 사실은 만지로의 번역을 사용하고 있는 것이다.

"농민이라도 직인이라도 능력이 있으면 위로 올라 갈 수 있습니다. 게다가 자신의 의견을 자유롭게 말할 수 있습니다. 정부가 올바르지 않은 결정을 하면 그것에 반대하는 의견도 말할 수 있습니다."

만지로는 일본과 미국사회의 근본적인 차이를 열심히 설명했다.

"지금 말한 것을 절대 다른 사람에게 누설해서는 안 된다. 막부의 문초를 받을 때는 지금 한 말이 너희들의 목숨과 직결될 수도 있다는 것을 꼭 명심해라."

영주는 관료와 배를 만드는 목수를 불러 만지로에게 서양선 만드는 법을 배우게 했다.

만지로와 목수들은 한 달 만에 미국식 범선의 모형을 만들어 냈다. 사츠마번은 이 모형을 토대로 소형의 서양식 범선을 만들어 '옷토센(越通船)'이라 명명하고, 물자를 운송하는 배로 사용했다. 옷토센은 서양문명을 응용해 만든 일본의 첫 서양식 배였다.

사츠마번은 만지로에게 외국에 대한 지식을 얻기 위해 40일 이상 체류시켰다. 하지만 규칙에 따라 1851년 9월 18일 사츠마번의 경호를 받아 출발, 1851년 10월 23일(음 9월 29일)에 나가사키에 도착했다.

에도시대는 쇄국정책을 펴고 있었다. 외국과의 모든 교섭은 행정관청인 나가사키 봉행소(奉行所)에서 담당했다. 귀국한 일본인에 대한 문초도 이곳 관할이었다.

봉행소는 이름과 출신지에 대해 묻고 나서, 만지로 일행을 감옥에 가두었다. 그들은 처음부터 만지로 일행을 죄인 취급했다. 감옥에서 여러 번 불려나와 반복해서 받은 질문은 표류해서 귀국할 때까지 '언제·어디서·무엇을·어떻게 했는지'에 관한 내용이었다.

이때 관리는 만지로 일행을 백사장 위에 앉히고 자신은 쌓아올린 다다미 위에 앉아서 말했다.

"거짓말 하지 마라."

이런 말투가 미국에서는 있을 수 없는 일이었다. 만지로는 모멸감을 느꼈다. 류큐국, 사츠마번, 나가사키번에서 조사받은 만지로 일행의 구술기록이 지금도 남아있다.

조사 마지막에는 그리스도교 신자가 아닌지 확인하기 위해 동판으로 만들어진 성모상을 발로 밟게 했다.
하지만 조사를 받는 동안 목욕·이발·외출이 허락되어 신사에 참배하러 가기도 했다.
'빨리 고향으로 돌아가고 싶다. 도대체 언제까지 우리를 여기에 묶어둘 참인지?'
만지로 일행은 조바심이 났지만 나가사키에서도 고향 도사에 신원조회를 의뢰한 후 답변을 기다려야 했다. 또한 이를 막부에 보고하고 그 후 판결을 기다리는데 약 9개월이 걸렸다.

나가사키 봉행소에서 내려진 판결은 '무죄방면'이었다.
도사에서 만지로 일행을 데리러 17명의 사람이 도착한 것은 류큐국에 도착한지 약 1년 6개월이 지나서였다.
나가사키 봉행소에서 막부에 보낸 보고서 한 줄이 만지로 일생에 큰 영향을 주게 되었다.
"만지로는 대단히 예리한 자이다. 국가에 도움이 될 것이다."

19. 단풍이 물든 아름다운 고향에 돌아오다

나가사키 봉행소에서 귀향 허가가 떨어졌을 때 엄격한 조건이 덧붙여졌다.

"앞으로 절대 도사를 떠나서는 안 된다. 외국에 대해 사람들에게 이야기를 하거나 퍼트려서도 안 된다."

1852년 8월 25일(음력 7월 11일) 일행은 고치(高知)에 도착했다. 도사번의 영주 야마우치 요도(山內容堂)는 중신 요시다 도요(吉田東洋)에게 만지로를 조사하도록 지시했다. 도요는 부하인 요시다 마사요시(吉田正譽)에게 만지로를 손님으로 대접해 면담을 하도록 지시했다.

도사번에서는 이 면담기록을 『표객담기(漂客談奇)』라는 문헌으로 정리해서 번의 상관들이 읽어야 할 필독서로 정했다.

그리고 화가인 가와다 쇼류(河田小龍)도 영주 야마우치 요도의 지시를 받아 만지로의 체험과 미국사정 등을 소상하게 조사하였다. 가와다는 만지로의 진보적인 생각을 듣고 공감하는 부분이 많았다.

가와다는 만지로의 체험기록을 바탕으로 채색한 그림을 삽입한 『표손기략(漂巽紀略)』을 출판했다.

후에 『표객담기』와 『표손기략』은 여러 영주들과 메이지유신을 일으킨 인물들 사이에서 널리 읽히게 된다. 이는 쇄국 시대에 일본인이 전한 최초의 해외에 관한 지식 서적이었다.

역자주: 『표손기략(漂巽紀略)』의 저자는 한보사이(半舫齋)이다. 번의 명령으로 가와다 쇼류(河田小龍)가 만지로를 조사하고, 그 구술을 한보사이가 정리

한 것이다. 가와다의 그림이 삽입되어 있다. 1852년 전 4권으로 간행되었다. 이 책 복사본이 만지로의 장남 도이치로(東一郞)에 의해 미국인 에밀리 워리너(Emily V. Warinner)에게 전해졌다. 워리너는 후에 『Voyager to Destiny』 (The Bobbs-Merrill Company, Inc.1956)를 출판해 만지로의 생애를 아시아인 로빈슨 표류기로 서구사회에 소개했다.

도사번에서 메이지유신 개혁기 때 중요한 활약을 한 인물들이 많이 나왔다. 이들의 진보사상에 큰 영향을 준 것이 바로 만지로였다고 할 수 있다.

만지로는 자유로운 공기를 마시고 싶었다. 넓은 바다에 나가고 싶었다. 하지만 도사번은 도사 밖으로 나가면 안 된다고 명령했다. 영주는 그 대신 평생 생활에 어려움을 겪지 않도록 한 사람 앞에 현미로 하루 다섯 홉의 급여를 주도록 배려해 주었다.

바다로 나가지 않으면 어부 일을 할 수 없다. 하물며 일본에서 포경선을 만들어 고래를 잡으려던 꿈은 막히고 말았다.

'이대로라면 좋은 나라가 될 수 없다. 자유 없이 어떻게 일본이 진보할 수 있겠는가?'

한편 만지로 일행은 영주와 중역, 지식인들에게 자주 불려가 식사 대접을 받거나 금품을 받고 해외에서 자신들이 경험한 것을 이야기했다.

10월 1일 셋은 드디어 귀향을 허락받아 고치(高知) 성을 떠나게 되었다.

먼저 우사우라(宇佐浦)에 있는 덴죠형제 집으로 갔다. 오랫동안 사람이 살지 않아 집이 허물어져 있었다. 어쩔 수 없이 그날 밤은 덴죠의 사촌 집에서 숙박하게 되었다.

다음 날 아침 만지로는 후데노죠로 다시 이름을 바꾼 덴죠와 고에몽 형제에게 작별인사를 했다. 헤어지기 아쉬워 서로 여러 번 부둥켜 안았다.

"고국에 돌아가는 것을 포기했었는데 이렇게 무사히 돌아오게 된 것은 모두 만지로 네 덕분이다. 평생 이 은혜를 잊지 않겠다."

이것이 그동안 생사의 긴 난관을 함께 헤쳐 나온 후데노죠 형제와의 마지막 이별이 되고 말았다.

만지로는 어머니가 계신 나가노하마(中ノ浜)로 발걸음을 옮겼다. 드디어 고향에 돌아갈 수 있다는 마음에 발걸음이 가볍고 빨라졌다.

'어머니는 건강하실까? 오랫동안 마음 고생시킨 만큼 어머니를 기쁘게 해 드리고 싶다.'

사흘째인 10월 5일 고향 나가노하마 고개를 지나갈 때였다. 개옻나무에 낙엽이 빨갛게 물들어 있었다. 만지로는 고개에 서서 나가노하마 해변을 내려다보았다.

잠시 후 만지로는 비탈길을 빠르게 뛰어 내려갔다.

고향 산야는 단풍이 물들어 비단처럼 아름다운 계절이었다. 옻나무와 담쟁이덩굴은 선명한 다홍색으로 물들어 만지로를 맞이했다. 으름덩굴(어름덩굴이라고도 한다)의 과육 냄새는 고향의 냄새였다. 파도소리까지 정겹게 들려왔다.

마을에 도착한 만지로는 먼저 마을 촌장에게 보고하러 들렀다. 나가사키 봉행소에서 마을에 조사 의뢰가 온 이후로 나가노하마 마을에는 만지로에 대한 소문이 돌고 있었다.

"만지로가 살아서 돌아온단다."

촌장 집에는 마을 사람들이 많이 모여 있었다. 애타게 기다리던 어머니도 와 계셨다.

"어머니!"

어머니를 발견한 만지로는 너무 기뻐서 달려갔다.

"만지로! 너 정말 만지로 맞지?"

이미 죽었다고 생각한 아들이 믿을 수 없을 정도로 멋진 청년이 되어 돌아온 것이다. 누덕누덕 기운 옷을 입고 나갔던 아들이 멋진 옷을 입고 금의환향해 지금 눈앞에 서 있었다. 마치 다른 부잣집 청년을 보는 것 같았다.

만지로에게 매달린 어머니는 눈물이 앞을 가려 아무 말도 할 수 없었다. 연세를 드셔서 더욱 작아진 어머니를 꼭 껴안은 만지로도 감개무량해 눈물이 멈추지 않았다.

"어머니! 오랫동안 걱정을 끼쳐 드려서 죄송합니다. 이제 더 이상 걱정시켜 드리지 않겠습니다. 바다에 나가지 말라고 하니까 나무통이라도 만들려고 합니다."

집에 도착하자 네 명의 형제와 마을 사람들이 만지로를 기다리고 있었다.

만지로의 무덤을 만들었다는 이야기를 듣고 이튿날 만지로는 자신의 무덤을 보러 갔다. 언덕에 올라가 뒤를 돌아보자, 그리웠던 감청색 고향 바다가 한 눈에 들어왔다.

제3부 막부등용과 근대화 참여

20. 막부에 하급무사로 등용되다
21. 페리함대 흑선의 출현
22. 만지로, 에도 막부에 불려 가다
23. 미·일회담이 시작되다
24. 단노 테츠와 결혼하다
25. 영어교습과 포경사업 지휘
26. 간린마루의 태평양 횡단
27. 해군사관 만지로와 존 부룩과의 우의
28. 미국을 목격한 일본 해군장교들
29. 오가사와라의 치치섬과 하하섬 일본영토 확정

존 만지로 관련 사진 자료 (3)

1853년 흑선내항

미일수호통상조약 체결 모습

20. 막부에 하급무사로 등용되다

만지로는 드디어 고향으로 돌아왔다. 집에 돌아온 지 삼일 만인 1852년 10월 8일에 고치성에 있는 번에서 관리가 찾아왔다.
"만지로 있느냐? 영주님께서 찾으신다. 내일 아침에 길을 떠날 테니 차비를 갖추어라."
"나으리, 우리 만지로가 뭐 잘못한 게 있습니까?"
어머니가 몹시 놀라 얼굴색이 바뀌며 당황하는 기색을 보였다. 또 다시 아들이 죄를 추궁당할까 걱정이 되었던 것이다. 어머니는 만지로의 옷소매를 꽉 잡으며 말했다.
"이미 조사가 끝난 게 아니니?"
"걱정하지 마시오. 영주님이 만지로에게 번의 일을 시키고자 하시는 것이니 안심하시오."

영주 야마우치 요도(山內容堂)는 만지로의 해외지식·영어·항해기술 등을 활용하고 싶었다. 만지로가 고치성으로 가자, 무사들을 양성하는 학교 '교수관(敎授館)'에서 먼저 영어를 가르치라는 명령을 받았다.
무사계급의 자제를 가르치는 교사가 학생보다 신분이 낮은 어부여서는 곤란한 일이었다. 그래서 만지로를 무사 중 가장 아래 계급인 '오코모노(御小者)'에 임명했다.
어부가 무사로 등용되는 것은 있을 수 없는 일이었다.
게다가 영주님은 "그러고 보니 칼을 가지고 있지 않구나!"라고 말하며 만지로에게 칼을 하사했다. 이는 정말 명예로운 일이었다. 하지만 만지로는 망설였다.

'어부였던 자가 칼을 허리에 차고 다닌다면 마치 뽐내는 것처럼 보일 거야. 정말로 신분이 높아진 것도 아니잖아. 어떻게 해야 하지?'

만지로는 영주에게 하사받은 칼을 수건으로 말아서 손에 들고 집으로 돌아왔다.

"지금까지 어머니께 효도하지 못했잖아요. 이제부터 어머니를 잘 모실 게요. 앞으로 우리 고치(高知)에 가서 살아요."

하지만 어머니는 만지로의 제안을 단호히 거절했다.

"난 평생 나가노하마에서 살았다. 이제 와서 이곳을 떠날 순 없다."

결국 만지로는 고치성 근처에 집을 빌려 혼자 살게 되었다.

고치의 '교수관'에서 일본 최초의 영어교육이라는 역사적인 수업이 시작되었다. 이는 일본사에 있어 기념비적인 사건이자, 번에 있어서 큰 행운이었지만, 도사번에는 영어를 배우고자 하는 무사들이 적었다.

영어를 배우려고 하기는커녕 반발하고 일부러 수업을 빠지는 자들이 많았다.

"어부 출신 애송이 따위에게 선생을 시킬 순 없다."

당시 일본 사회는 사람의 가치를 인격이라든지 교양·능력·실적으로 보지 않고, 문벌제도 즉 태어나기 전부터 정해져 있는 신분으로 그 사람의 가치를 판단하고 있었다.

역자주: 에도시대는 상점의 주인도 목수도 모두 백성 신분이었다. 에도사회는 크게 지배 계급인 무사와 피지배 계급인 백성의 두 계급으로 나누어져

있었다. 그리고 무사들 사이와 백성들의 직종에도 신분의 상하관계가 존재했다. 차별이 당연한 시대였다.

하지만 일부 지각있는 사람들은 새로운 시대의 도래를 느끼고 있었다. 그들은 낡은 관습이나 사고방식보다 새로운 지식을 찾고자 했다. 번의 중신(重臣)들과 지식인들이 만지로에게 해외사정을 들으러 자주 찾아왔다.

번의 중역을 담당하는 요시다 도요(吉田東洋)에게 불려가, 외국지도를 펼쳐 놓고 설명하고 있을 때, 만지로의 설명을 열심히 듣고 있는 한 소년이 있었다. 그는 도요의 조카로 15살의 고토 쇼지로(後藤象二郎)였다. 만지로는 너무 진지하게 이야기를 듣는 쇼지로에게 지도를 선물했다.

만지로는 고토 쇼지로, 사카모토 료마(坂本龍馬), 이와사키 야타로(岩崎弥太郎) 등 근대 일본사에 있어 큰 영향을 끼치게 되는 젊은이들의 생애에 큰 비전을 제시하게 된다.

고토는 후에 메이지정부를 비판하고 자유 민주주의운동을 전개하게 되는데, 이는 만지로가 뿌린 민주주의 정신이 싹튼 것이었다.

만지로 고향에서는 소문이 퍼지기 시작했다.
"정말 놀랐다니까. 그 놈이 사무라이가 될 줄 누가 알았겠어?"
"큰 출세했네. 만지로가 번의 선생이 되다니…"

만지로는 이렇게 사람들의 입에 오르내렸지만 정작 본인은 긴장되고 마음이 무거웠다. 오히려 바다에 나가 배를 타고 고래를 잡고 싶었다.

21. 페리함대 흑선의 출현

1853년 1월 만지로는 도사번에 고용되었다. 그로부터 약 7개월 후인 7월 8일(음력 6월 3일) 일본 전국을 뒤흔들어 놓은 사건이 발생했다. 미국 페리함대가 내항한 것이다.

페리(Perry) 제독은 거대한 군함 네 척을 호위하고 에도만에 나타나 에도를 향해 대포를 겨냥하고 개국을 요구했다.

"즉시 항구를 개항하지 않으면 대포로 포격을 시작하겠다."

거대한 흑선(黑船)은 당시 일본에서 가장 큰 배의 20배나 되는 크기였다. 흑선은 뭉게뭉게 연기를 뿜어내면서 거포로 겨냥하고 있었다. 이를 본 에도는 대혼란이 일어났다.

막부는 외국선을 받아들이는 나가사키로 가라고 페리를 설득했지만, 페리는 완강하게 거부했다. 하는 수 없이 막부는 구리하마(久里浜)에서 밀러드 필모어 대통령의 친서를 받았다. 친서의 내용은 '양국의 화친과 물·식량·장작·석탄 등의 보급과 난파선 승무원의 구호 요청' 등을 필두로 한 개국 요구서였다.

"내년에 다시 회답을 들으러 오겠다."

페리 함대는 10일 후에 배를 철수시켰다.

역자주: 1853년 7월 8일 미국 동인도함대사령관 매튜 페리(Matthew Perry)가 이끄는 함대가 우라가(浦賀)에 내항했다. 7월 2일 기함 미시시피호 등 4척의 함선이 류큐국을 출항해 저녁 무렵 우라가항에 정박해 있던 기함 서스퀘해나(Susquehanna)호에 우라의 봉행소로 배가 다가가 회견을 가졌다. 막부 측은 나가사키로 갈 것을 요청했지만, 미국 측은 이를 거부하고 미국 대통령의 편지를 쇼군에게 전달하고자 했다. 회견을 가진 나카지마(中島)는 자신은 권한이 없다며 편지를 받지 않고 돌아갔다. 검은 연기를 내 뿜고 움

직이는 거대한 함대를 본 연안 사람들은 놀라지 않을 수 없었다. 이를 본 사람들이 흑선이 왔다고 소문을 낸 것이다. 포격을 가하겠다는 엄포에 우라가 봉행소(浦賀 奉行所)의 나카지마가 다시 서스퀘해나호에 승선해 국서를 나가사키에서 받겠다고 요청했지만, 미국은 이를 거부하고 미시시피호를 에도만 깊숙이 침투시켜 막부를 직접적으로 위협하기 시작했다. 7월 14일 막부는 우라가 봉행소 도다 우지요시(戶田氏榮) 등에게 전권을 위임해 구리하마(久里浜)에서 필모어(Millard Fillmore: 미국 13대 대통령, 1850~1853년 재임) 대통령의 국서를 받았다. 페리는 동시에 다음 해 봄에 쇼군의 답장을 받으러 오겠다는 말을 남기고 전함으로 에도만을 위협한 후 돌아갔다.

만지로는 흑선이 내항했다는 소식을 듣고 초조해졌다.
'역시 올 것이 왔구나! 전쟁만은 일어나지 말아야 할 텐데.'
하지만 에도 막부는 당황하지 않았다. 막부는 작년에 네덜란드를 통해 미국이 일본에 사절을 보낼 것이며, 그 목적이 무엇인지 미리 연락을 받아 알고 있었기 때문이었다. 하지만 막부는 아무 방법도 강구하지 않고 있었다.
'이국선 추방령'이 너무 심한 처사였다고 문제가 되어 있었기 때문에, 1842년 신수급여령(薪水給与令)이 발령되어 있었다. 이제 외국선에 물자를 공급해도 문제가 되지 않았다.

막부는 페리 내항의 7년 전인 1846년 미국 해군의 제임스 비들(James Biddle) 사령관이 우라가(浦賀)에 내항해 통상을 청했을 때도 장작과 물 등을 주고 평화롭게 해결했었다. 그래서 막부는 페리 함대도 퇴거시킬 자신이 있었던 것이다.
그 무렵 외국선들이 일본에 자주 들어와 개국을 강요하기 시작했다.

네덜란드어 학자와 교류하면서 서양문명과 해외정세를 배운 에가와 히데타츠(江川英龍) 등은 막부에 다음과 같이 제안했다.
"쇄국을 그만 두고 서양의 여러 나라들과 교류해 진보한 과학을 배우지 않으면 일본은 후진국에 머물 수밖에 없다. 그리고 한시라도 빨리 해군을 만들어 외적과 싸울 준비를 하지 않으면 우리가 위협받을 날이 올 것이다."
하지만 에도막부는 어떤 준비도 하지 않았다.
"이런 사태가 일어나리라고 제가 진작부터 말하지 않았습니까?"
"군함을 만들고자 해도 그럴만한 재정이 없으니 어쩌나?"

새로운 사태에 직면한 에도막부는 우선 각 번에 연안수비를 강화하도록 명령했다. 한 번도 사용해 보지 않은 구식 대포를 해안까지 끌고 가 설치해 놓은 번(藩)도 있었다.
서둘러서 탄환을 만들었다. 하지만 구식 대포로는 미국의 흑선이 정박한 곳까지 포(砲)가 날아가지 않았다.
흑선을 상대로 창이나 칼로 휘둘러 봤자 얕볼 것이 뻔했다. 당시 대부분의 번(藩)들은 재정이 적자 상태로 새로운 군비를 갖출 여유가 전혀 없었다.
'도대체 막부는 어찌할 참인지? 외국선을 쫓아낼 것인지, 아니면 항복하고 외국이 하라는 대로 할 것인지…'
쇄국을 밀어붙일 것인지, 개국을 할 것인지, 막부는 중대한 결정을 내려야 할 중대한 시점에 처했다.

22. 만지로, 에도막부에 불려가다

오늘날 일본의 내각총리대신에 해당하는 당시 막부의 수장은 아베 이세노카미마사히로(阿部伊勢守正弘)였다. 그는 국내외의 상황을 파악하면서 앞으로는 쇄국의 시대가 아님을 감지하고 있었다. 게다가 미국과의 전쟁은 피하고 싶었다.

개국하면 미국과 교류가 시작될 것이고, 여러 가지 교섭도 필요할 것이다. 미국을 모르면 백전백패일 것이 눈으로 불을 보듯 뻔했다. 막부의 수장 아베는 미국에 대한 올바른 지식이 필요하다고 생각했다. 그 때, 이전에 나가사키 봉행소에서 보냈던 만지로에 대한 보고서가 생각났다.

보고서에는 "만지로는 대단히 예리한 자이다. 국가에 도움이 될 것이다"고 적혀 있었다.

'그렇다. 그 자를 한 번 만나보자.'

아베 수장은 만지로를 에도로 불러들이라고 도사번에서 파견 나와 있던 관리에게 연통을 넣었다. 흑선이 돌아간 지 7일 밖에 되지 않았다. 도사번 사무라이들은 수군거렸다.

"아베 수장에게 불려가다니 만지로가 그렇게 대단한 녀석인가?"

막부에서 온 문서에는 걱정할 필요 없으니 안심하고 오라고 적혀 있었다. 그렇다고 해도 다이묘와 함께 직접 지시를 내리는 막부 수장의 부름이었다. 몇 번이나 죽을 위기를 극복해 온 만지로였기에 긴장하지 않을 수 없었다.

'그래, 막부에 내 의견을 내보자. 일본을 개항시킬 절호의 기회일지 모른다. 혹시 질문을 받으면 쇄국정책은 시대의 흐름에 맞지 않는다고 말하자. 하지만 막부를 화나게 하면 내 목이 달아날 지도 모른다.'

'이대로 계속 외국의 표적이 되면 언젠가는 공격당할 수밖에 없다. 공격을 받으면 일본은 잠시도 버티지 못할 것이다. 일본을 지켜야 한다. 지금 이를 말할 수 있는 자는 나밖에 없다.'

'이유는 그것만이 아니다. 이대로라면 세계의 진보에 뒤쳐질 수밖에 없다. 여러 나라와 교류하면 일본도 크게 발전할 수 있을 거다.'

'이를 위해서는 작은 목숨을 희생하더라도 용기를 가지고 개국을 주장하자.'

드디어 만지로는 마음을 굳혔다. 만지로는 일본어를 올바르게 사용하지 않으면 이쪽의 생각을 정확하게 전달할 수 없다는 것을 경험을 통해 깨닫게 되었다. 그래서 고향에 돌아온 만지로는 시간만 있으면 일본어를 열심히 익혔다. 또한 도사 무사의 규율과 예의범절도 몸에 익혔다.

당시 미국 선원들은 난폭한 영어를 구사했다. 하지만 만지로는 아카데미에서 정확한 영어를 배운 덕에 영어를 제대로 구사할 수 있었다. 만지로는 고향 도사의 어촌에서 사용하는 사투리와 다른 표준 일본어를 배우고 싶었다. 그래서 만지로는 가와다 쇼류(河田小龍)에게 가서 문장을 올바르게 쓰는 법부터 열심히 배웠다. 가와다는 화가였지만 도사에서는 일류 학자로 통하고 있었다. 가와다는 만지로의 마음을 알고, 먼저 문장 적는 법과 편지 쓰는 법을 가르쳐 주었다.

1853년 8월 1일 도사를 떠난 만지로는 8월 30일에 에도에 도착했다. 도사에서는 만지로에게 무슨 일이 일어나지 않도록 엄중한 경호를 붙여 보냈다.

만지로가 아베 수장에게 불려간 자리에는 출납 담당인 가와지 도시아키라(川路聖謨)와 에가와 히데타츠(江川英龍)도 동석해 있었다. 아베 수장은 귀족적이고 풍후(豊厚)한 표정을 하고 있었지만, 에가와는 엄하고 위압감을 주는 표정을 짓고 있었다.

만지로는 막부의 고관들과 대면할 신분이 아니었다. 하지만 당시 일본은 비상시국이었다. 이 시기에 미국을 잘 알고 있는 자는 일본에서 만지로 밖에 없었다.

'내 인생에서 가장 중요한 시기다. 이 행운을 잘 살리자. 만지로 넌 일본을 구할 용감한 사나이다.'

이렇게 만지로는 스스로를 격려했다. 그러자 제아무리 신분이 높은 사람 앞에서도 주눅들지 않고 말할 수 있었다.

"미국이 지금 원하는 것은 개항입니다. 포경선은 모항을 떠나면 3년 정도 항해를 계속합니다. 항해 중에 다른 나라의 항구에서 물·식료품·연료 등을 구입합니다. 일본 항구에서도 외국선이 물자를 살 수 있다면 큰 도움이 될 것입니다."

"그리고 외국에서는 조난해 표류한 자는 구조해 후하게 대접해 줍니다. 미국배가 표류했을 때 일본의 대응이 너무 나빴다고 생각합니다. 미국에서는 국교를 맺지 않은 나라 사람일지라도 어려움을 당했을 때는 친절하게 돌봐 주는 인도주의적 관습이 있습니다."

"개국의 의미는 인간으로서 서로 배려하는 것이자, 나라와 나라가 인도적으로 도움을 주는 것입니다. 이렇게 서로 사이좋게 지낸다면 전쟁을 걱정할 필요가 없습니다. 모리슨(Morrison)호처럼 포격해 쫓아 버리거나 표류자를 죄인 취급한다면, 외국배 선원들은 일본은 야만국이라 여기고, 그런 나라는 군대를 동원하여 해치워 버리자고 생각할 것입니다. 일본이 계속 쇄국을 한다면 다른 나라들이 적대시할 것이고, 전쟁을 해서라도 개국을 시키려고 쳐들어올 지도 모릅니다. 이런 싸움은 우리에게 아무런 도움이 되지 않을 것입니다."

역자주: 미국 상선 모리슨호 사건은 1837년 마카오에서 보호를 받고 있던 일본인 표류민 7명을 태우고 일본 우리가(浦賀)항에 들어왔다가 이국선타격령(異國船打擊令)에 의하여 일본 측 포대의 포격을 받은 사건을 말한다.

"일본이 개국해 미국이나 세계 각국과 우호적인 관계를 맺을 수 있다면, 각 나라의 좋은 점을 배워 일본도 눈부신 발전을 이룩할 수 있다고 생각합니다. 이는 쌍방 간에 유익한 일이라 생각합니다."

세 사람의 눈은 만지로의 얼굴을 주의깊게 응시한 채 귀를 기울여 듣고 있었다. 만지로의 절실하고 진지한 설명은 아베 수장과 출납담당 가와지, 에가와 등의 마음을 움직였다.

"미국에서는 인종차별이 존재하지만 근래 차별을 없애자는 의견이 강해지고 있습니다. 그래서 미국 국내에서는 노예제도를 주장하는 사람들과 분쟁이 일어나고 있습니다. 따라서 지금은 미국이 다른 나라와 전쟁할 여유가 없고 그럴 기세도 없습니다."

역자주: 1853년에 페리함대가 출현한 8년 후, 1861~1865년까지 미국은 노예해방을 위한 남북전쟁을 치루었다.

만지로는 이전부터 마음 속으로 생각해 온 것을 모두 밝혔다. 느낌이 좋았다. 기쁨인지 감동인지 설명할 수 없었지만 만지로는 자신이 한 말에 가슴이 벅차올랐다.

그 후 아베, 에가와, 가와지는 만지로를 자주 불러 그의 의견을 들었다. 이들은 개국에 대한 만지로의 의견에 전적으로 납득했던 것이다.

'앞으로 일본의 미래가 밝고 빛날 것 같다. 일본이 미국처럼 자유롭고 신분제도가 없는 발전한 나라의 제도를 참고한다면, 이 한 목숨과 바꾸더라도 난 상관없다. 내가 말하지 않으면 누가 말하겠는가? 모르는 사람은 말할 수 없다.'

이어서 만지로의 담력이 시험대에 올랐다.

"미국은 국왕이 존재하지 않습니다. 그들은 4년에 한 번씩 대통령을 국민들이 선거를 통해 뽑습니다. 이렇게 많은 사람들에 의해 훌륭한 사람이 뽑혀 나라의 정치를 담당하는 책임자가 나오게 됩니다."

"미국은 신분에 관계없이 능력 있는 자가 국가의 중요 직책을 맡게 됩니다. 즉 실력을 중시합니다. 신분의 차이가 없습니다."

만지로의 이야기를 들은 막부의 고관들은 숨을 죽였다. 일본에서는 상상도 할 수 없는 일이었다. 예전에 가고시마 번의 영주 시마즈 나리아키라(島津齊彬)가 만지로에게 충고했었다.

"만약 그걸 말하면 넌 죽음을 각오해야 할 거다."

에가와는 큰 눈을 이리저리 굴리고 있었지만, 아베 수장은 험상궂은 눈을 하고 표정이 전혀 움직이지 않았다.

그로부터 얼마 지나지 않은 1854년 2월 5일 만지로는 에도막부의 신하로 임명되었다. 쌀 20석 분을 3년에 걸쳐서 지급하고 별도로 매일 쌀 한 되를 주는 대우였다. 막부의 신하로서 가장 낮은 직분이었지만 꿈만 같은 출세였다. 하지만 이를 들은 막부 내에서는 반발의 소리가 높았다.

"아니, 어부 주제에 뭘 안다고, 미국은 좋고 일본은 나쁘다고 말하는 거야. 괘씸한 녀석!"

"일본의 정치와 신분제도를 바꾸려고 하다니 당치도 않은 생각이다. 정말 위험한 녀석이다."

그럼에도 불구하고 해외생활을 체험하고 국제지식을 가지고 영어를 말할 수 있는 유일한 인재였기 때문에, 막부는 많은 사람들의 반대를 무릅쓰고 만지로를 막부 곁에 두고 싶었다. 만지로는 상당히 어려운 입장에 처해 있었다.

만지로가 에도로 불려갔다는 이야기를 들은 어머니는 불안했다.

"만지로는 정말 운이 없구나. 역시 미국에 간 것이 재앙이었다. 사형만은 면해야 할 텐데."

이렇게 생각하시는 어머니를 안심시키기 위해 만지로는 막부에서 일하게 되었다는 것과 대우도 좋아졌다는 것을 편지에 적어 쌀 한 가마와 금 한 냥을 함께 보냈다.

그 편지를 보면 만지로가 짧은 기간에 얼마나 열심히 일본어를 공부했는지 짐작할 수 있다.

23. 미·일회담이 시작되다

　에가와 히데타츠(江川英龍)는 대대로 에가와 타로자에몽(江川太郎左衛門)이라 불리며, 이즈(伊豆)지역을 중심으로 관동(關東)지역에서 가이(甲斐, 지금의 야마나시현 전지역), 스루가(駿河, 지금의 시즈오카현 중부)에 이르기까지 쇼군의 영지 중 7만석에서 많을 때는 12만석을 지배하는 대관(代官) 집안 출신이었다.
　그는 네덜란드어를 배우면서 당시 사회에서 서양 통으로 불리고 있었다.
　'이대로 가다간 일본이 외국의 공격을 받아 멸망하고 말 것이다.'
　이렇게 느낀 에가와는 일본의 장래와 외적으로부터 일본을 어떻게 보호할 것인지 진지하게 고민하고 있었다.
　그래서 만지로가 이야기한 해외 정보에 에가와는 강렬하고 신선한 자극을 받았던 것이다.
　"만지로는 지금의 일본에 가장 필요한 남자다. 이 남자의 지식과 능력을 활용하자."
　에가와는 막부의 명령으로 증기선을 건조할 준비를 하고 있었다. 그래서 에가와는 막부의 허가를 받아 만지로를 조수로 삼았다.
　"이곳에 와서 통역을 담당하고 내 상담역이 되어 주겠나?"
　만지로는 이를 받아들여 오늘날 동경 스미다구(墨田區) 가메자와(龜澤)에 있는 에도저택의 별동으로 거처를 옮기게 되었다.

제3부 막부등용과 근대화 참여

"너의 출신지가 나카노하마(中ノ浜)니까 앞으로 너의 성을 나카하마(中浜)로 해라."

이렇게 해서 만지로는 에가와 대관으로부터 성씨를 하사받아 나카하마 만지로가 되었다.

에가와는 나가사키 봉행소에 몰수당한 만지로의 서적과 물건을 즉시 되돌려 주도록 명령했다. 실로 감탄하지 않을 수 없었다. 측량기와 서적들은 앞으로의 활동에 반드시 필요한 것들이었다.

'편지 한 통으로 몰수당한 물건들이 이렇게 모두 돌아오다니 역시 에가와는 대단한 사람이다.'

에가와는 누구인가?

당시 일본이 보유한 무기는 새로운 시대에 부적절한 구식 대포 밖에 없었다. 국방을 염려한 에가와는 나가사키에 가서 다카시마 슈한(高島秋帆)에게 서양 포술을 배운 후, 시즈오카(靜岡)현 동부 이즈(伊豆)반도에 위치한 니라야마(韮山)에 부임해 있었다. 이곳에 '다카시마류서양포술교수소'라는 간판을 내걸었다. 학생이 4천명이나 되었다. 그는 이곳에서 서양대포 주조법을 가르치고 있었다.

당시 서구열강들은 세계의 많은 나라들을 정복해 식민지로 삼고 있었다. 아시아에서 남은 나라는 청국, 조선, 일본 정도였다. 한편 아편전쟁에서 청국에게 이긴 영국의 동양함대가 러시아보다 먼저 일본을 공격할 의도를 드러내고 있었다. 에가와는 곧 영국 함대가 프랑스 함대와 함께 일본을 공격해올 지도 모른다는 위기감을 느끼고 있었다.

"일본도 세계의 바다에서 활약하는 큰 배를 만들어 여러 나라와 교류하지 않으면 혼자 뒤처지게 됩니다. 게다가 외적에게 공격을 받았을 때 군함이 없으면 바다 위에서 싸우지 못하고 결국 적의 상륙을 허락할 수밖에 없습니다. 나라를 지키기 위해서는 해군이 꼭 필요합니다."

이렇게 주장해 왔지만 막부는 에가와의 주장을 이해하지 못했다. 그래도 에가와는 서양의 대포와 총을 연구해 개량한 무기들을 제조해냈다. 당시 에도막부에는 악덕 대관들이 많았다. 그들은 자신들의 이익을 챙기기 바빴다.

하지만 에가와는 농업진흥·조세징수·역병대책·국방문제 등 말단 백성들 편의 입장에 서서 대관직을 수행했기 때문에, 니라야마에 사는 백성들은 에가와대명신(江川大明神)이라는 깃발을 만들어 그를 추앙했다.

어느 날 에가와는 만지로에게 소식을 전했다.

"나가하마 만지로! 막부가 250년 동안 계속된 쇄국을 그만두고 개국할 것을 정했다. 먼저 미국과 교류를 하기로 했다. 이건 모두 만지로 네 덕분이다."

에가와는 호걸풍의 우락부락하게 생긴 사람이었다. 하지만 만지로는 그의 성실함과 친절함을 마음으로부터 존경했다.

"그건 제가 한 것이 아니라, 이 시대의 요청입니다."

일본은 드디어 세계를 향해 문을 열게 되었다. 만지로는 고관들 앞에서 자신의 경험과 사실을 바탕으로 외국이 일본을 어떻게 생각하고 있는지 진지하고 열정적으로 설명했었다. 에가와는 그 설득력을 인정해 만지로를 개국의 공신이라 여기고 있었다.

페리 제독이 대답을 받으러 다시 일본에 왔을 때 에가와는 기뻐 날뛰며 만지로에게 달려 갔다.

"나카하마 만지로! 방금 막부가 나를 교섭 담당으로 임명했다. 따라서 자네가 통역을 담당해 줬으면 좋겠네. 누가 뭐라고 해도 지금 일본에서 미국과 대화를 할 수 있는 사람은 만지로 자네 밖에 없네."

만지로가 통역을 맡는 것은 누가 봐도 당연한 일이었다. 하지만 전 미토(水戶) 번 영주(제9대 번주) 도쿠가와 나리아키(德川齊昭)가 이를 반대하고 나섰다.

"만지로는 미국의 스파이다. 미국에 유리하게 통역을 할 것이 뻔하다. 그 놈에게 통역을 절대 맡겨서는 안 된다."

"일본을 미국의 허수아비가 되게 하려는 만지로야말로 나라를 팔아먹을 도적이다. 절대로 만지로에게 통역을 시켜서는 안 된다."

이렇게 말하는 막부 내 관료들이 적지 않았다. 그래도 문서를 번역하는 일은 만지로에게 맡기기로 했다.

미일회담 당일 에가와는 정해진 시각에 가나가와(神奈川)에 설치된 교섭 장소에 도착했다. 하지만 에가와는 깜짝 놀랐다. 회의가 이미 끝난 상태였기 때문이다. 에가와를 미일회담의 최적임자라고 생각해 자신을 교섭담당에 임명했다고 생각했었다. 하지만 막부의 유력한 권력을 가진 자들은 에가와도 의심하고 있었던 것이다. 에가와는 분을 참을 수 없었다. 그는 바로 에도로 돌아왔다.

'나라를 대표하는 교섭 담당을 맡기에 에가와는 신분이 낮았다. 그 무엇보다 어부 출신에게 나라의 중요한 통역을 맡길 순

없는 일이다.'

당시의 일본은 실력보다 신분으로 사람의 가치를 정하는 시대였다.

"이런 하찮은 녀석에게 공로를 쌓게 할 순 없다."

이렇게 생각하는 자들이 막부를 움직이고 있었다. 이는 모두 악덕대관의 짓이었다. 만지로는 근거 없는 악담은 신경쓰지 않으려 했다.

'일본이라는 나라는 이것 밖에 안 되는가?'

만지로의 가슴에 슬픔이 밀려왔다. 일본은 신분을 정하고 실력을 봉쇄해 그 사람이 가진 능력을 발휘하지 못하게 하는 사회였다.

'이래서는 나라가 진보할 수 없다. 정말 난처한 나라다. 도대체 언제쯤 일본은 다시 태어날 수 있을까?'

미일회담 당일 교섭을 담당한 사람은 한학자 하야시 다이가쿠노카미(林大學頭: 막부의 최고학문기관인 쇼헤이코:昌平黌의 책임자)를 비롯한 네 명으로 먼저 한학자가 적은 한문을 통역자 모리야마 에이노스케(森山榮之助)가 네덜란드어로 번역해 이를 미국측 통역자가 영문으로 바꾸는 복잡한 작업을 거치게 되었다.

역자주: 1854년 3월 31일 조약체결을 강요하는 페리제독에게 굴복해 에도막부는 가나가와(神奈川, 오늘날 요코하마)에서 미일수호통상조약 전 12조에 조인했다. 일본측 전권자로서 유학자 하야시 아키라(林韑), 에도봉행소의 이도 사토히라(井戸覺弘) 등 4명이 파견되었다. 조약의 주요 내용은 시모다(下田), 하코다테(函館)의 개항, 장작・물・식량 등의 물자 공급, 표류민과 내항민의 대우 보장, 시모다항과 하코다테항에 유보장(遊步場) 개설, 필수품 구

입 허가, 시모다에 영사관 주재 허가 등의 승인이었다. 페리 제독이 이끄는 함대는 군사적 위협을 계속하다가 6월 26일에 류큐국으로 출항했다.

1856년 타운젠트 해리스(Townsend Harris)가 주일미국총영사로 부임했다. 다음 해인 1857년 6월 17일 이즈 시모다에서 일본의 전권자 시모다 봉행소의 이노우에 기요나오(井上淸直) 등과 9개조의 시모다조약을 체결했다. 화폐의 교환비율, 영사재판권 부여, 나가사키항 개항, 총영사의 제한구역 철폐 등이 주요 내용이었다. 이는 영국, 러시아, 네덜란드에게 허가한 권리를 미국에게도 동등하게 인정하는 것으로 후에 있을 불평등수호통상조약의 발판이 되었다. 그 해 겨울 해리스는 에도에 가 쇼군을 알현하고 에도당국과 직접 조약교섭을 하게 되었다.

해리스의 일기는 그때 상황을 이렇게 지적하고 있다.
"일본의 통역은 국제공법상의 용어를 전혀 모르고 있다."
"문장을 보면 정확한 의미를 파악하기 힘들다. 일본어 문장의 어순을 그대로 네덜란드어로 번역해 배열하고 있다. 일본어와 네덜란드어의 문법의 차이를 무시하고 있다."

만지로가 통역을 담당했다면 쌍방이 직접 서로 의견을 나눌 수 있었을 것이다. 만지로라면 국제공법을 몰라도 모르는 점을 알 때까지 물었을 것이다. 게다가 '수호통상조약'의 불평등과 문제점을 바로 발견했을 것이다.

페리 제독이 돌아가자, 막부의 개국방침에 대해 반대하고 나서는 사람들이 많았다.
"일본은 신국(神國)이다. 외국인이 들어오면 나라가 더럽혀진다. 대포로 외국선을 쫓아 버리자."

이들을 양이파(攘夷派: 외국 사람을 오랑캐로 보고 내쫓으려는 패거리)라 부른다. 이때의 일본 국내는 양이운동으로 크게 동요되고 있었다.

24. 단노 테츠와 결혼하다

정원에서 복숭아 꽃 향기가 봄바람에 실려 왔다. 볕이 잘 드는 방에서 만지로는 책상에 앉아 미국에서 가져온 『보디치항해서(American Practical Navigator)』(1844년판)를 번역하고 있었다. 이 책은 미국에서 항해술을 배우는 자들의 대표적인 교과서였다. 당시 일본 어부들은 연안 밖으로는 항해할 수 없었다. 만지로는 사람들이 근대적인 항해술을 몸에 익혀 세계의 바다를 항해할 수 있게 하고 싶었다. 이를 위해서는 일본어로 읽을 수 있는 항해서가 꼭 필요했다. 막부는 만지로에게 이 책의 번역을 부탁했다. 번역을 시작하자 일본어에 없는 항해용어가 너무 많았다.

'그래, 항해술을 이해하게 하려면 일본어 항해용어를 새로 만들어야겠다.'

문제점을 발견하기는 했지만 전문용어를 일본어로 바꾸는 작업은 그리 쉽지 않았다.

바로 그때 밖에서 큰 소리로 만지로를 부르는 사람이 있었다.
"나카하마 만지로 있는가? 아 있었구나. 다행이다."
에가와 히데타츠였다. 땀범벅이 된 붉은 얼굴에 기뻐하는 기색이 역력했다.
"아니, 에가와 선생님, 검술이라도 연습하셨습니까?"
"그래, 단노(團野) 도장에 가서 땀을 좀 흘렸다. 만지로! 사실은 좋은 소식을 가지고 왔다. 너 이번에 결혼해라."

"도대체 무슨 말씀을 하시는 겁니까? 제가 에도에 온지 아직 반 년 밖에 되지 않았습니다. 잠시 이대로 놔두시면 안 되겠습니까? 제가 요즘 제법 바쁩니다."

"아니다. 가만히 내버려 둘 수가 없어 왔다. 이런 이야기는 빠를수록 좋다. 너의 일을 도와줄 아내가 필요하다. 너에게 잘 어울리는 상대를 찾았다. 나도 보고 빠질 정도로 매력 있는 아가씨다. 우물쭈물 하다간 다른 남자에게 시집가고 말거다. 이미 그쪽 부모를 만나 이야기를 하고 오는 길이다. 이번에 내가 권하는 아가씨와 결혼해라."

에가와가 말한 상대는 에도저택 근처에서 검도도장을 열고 있던 단노 겐노신(團野源之進)의 차녀로 이름이 테츠(鐵)였다. 그녀는 매우 활발하고 밝은 성격의 여성이었다. 결국 에가와는 본인들을 불러 혼담을 성사시켰다.

이렇게 해서 1854년 3월 10일(음 2월 12일) 만지로는 테츠와 결혼하게 되었다.

만지로는 졸지에 어부에서 무사가 되어 막부의 상층부와 접촉하는 기회가 많아졌다. 나라를 개국하기로 정했지만 막부 내에는 외국을 싫어하는 사람들이 많았다.

"만지로는 미국의 염탐꾼이다."

차가운 시선으로 보는 사람들이 훨씬 많았다. 이 때문에 만지로는 마음고생을 많이 해야 했다. 이런 남편을 테츠는 마음 속으로부터 존경하고 잘 보필해 주었다.

그런데 만지로가 결혼한 다음 해, 만지로가 에가와를 만난 지 1년 반 만에 자신을 가장 잘 이해해 주던 에가와가 갑자기 세상을 떠나고 말았다.

"뭐! 에가와 선생님이 돌아가셨다고?"

너무 갑작스런 연락이었다. 많은 사람들이 만지로 집에 영어를 배우러 찾아왔다. 그 날도 수업 중이었다. 만지로는 참을 수 없는 슬픔이 밀려와 한동안 아무 일도 손에 잡히지 않았다. 학생들을 모두 돌려보냈다.

만지로에게 에가와는 그를 가장 잘 이해해주는 사람이자 가장 신뢰할 수 있는 사람이었다. 그 충격이 너무 커서 만지로는 기력을 잃고 말았다.

에가와 히데타츠는 한 시대의 영걸이었다. 그는 막부의 금전 출납을 담당하면서 이즈(伊豆) 반도의 방위를 구축하고, 시나가와(品川)에 있는 해상포대를 건설하는 등 막부의 중요한 일을 해낸 인물이었다.

또한 대지진과 큰 쓰나미가 왔을 때 주민들의 재해구조에 발벗고 나서기도 하고, 이즈의 시모다(下田)에 와 있던 러시아사절단의 배가 파손되었을 때 새 배를 건조해 주기도 했다. 결국 에가와는 넓은 부임지인 니라야마(韮山)와 에도를 자주 왕래하면서 무리하는 바람에 병으로 타계한 것이다.

에가와는 청순하고 유능한 애국자였다. 그는 부임지에서 자애로운 마음으로 민정을 수행했다. 외적이 공격해 올 경우를 대비해 해군과 농민군 조직의 필요성 등, 당시로서는 미지(未知)의 발상을 제안했지만 막부는 그를 이해하지 못했했다. 대관으로서의 급료도 150석에 지나지 않았다. 일본은 아까운 인재 한 사람을 잃고 말았다.

25. 영어교습과 포경사업 지휘

에가와가 몰두해서 만든 목조증기선 '치요다마루(千代田丸)'는 일본인이 건조한 군함 제1호였다.

만지로는 목조증기선 건조를 기술적으로 도와 에가와가 죽기 1년 전에 완성시켰다. 이 사업에 참가한 많은 관계자들이 근대적 조선기술을 배워 일본의 조선산업을 발전시켜 나가는 계기가 마련되었다.

역자주: 138톤의 치요다마루(千代田丸)는 증기선으로 바람이 없어도 달릴 수 있었지만 석탄을 대량으로 소비해야 하는 결점을 가지고 있었다.

에가와 사후 뒤늦게 막부도 그의 업적의 위대함을 실감하게 되었다. 그리고 그의 공적에 제대로 답하지 못한 보답으로 에가와의 3남 히데토시(英敏)에게 해변가에 있는 광대한 토지를 하사했다.

히데토시는 이곳에 소총과 대포 연습장, 그리고 에가와 저택을 지었다. 1857년 봄 나카하마 만지로 집안도 에가와 집안과 같이 이사했다.

같은 해 4월 츠키지(築地)에 있는 막부 고부쇼(講武所)에 군함교수소(軍艦教授所)가 설치되자, 만지로는 8명의 교수 중 한 명으로 임명되어 학장 가츠 카이슈(勝海舟) 밑에서 각 번에서 상경한 학생들에게 항해술을 가르치게 되었다. 후에 군함교수소는 독립해 군함조련소(軍艦操練所)가 된다.

1857년 만지로에게는 많은 일들이 있었다. 6월, 『보디치항해서』

의 번역본 『미국합중국항해술서(American Practical Navigator)』가 완성되었다. 이 책은 일본의 영어번역본 제1호였다. 전권을 번역하면 너무 시간이 많이 걸릴 것 같았다. 그래서 만지로는 항해에 꼭 필요한 부분만을 추려 번역·출판했다.

이 책은 우선 20부를 필서했다. 막부에 부속품을 첨부해 한 권 증정하고, 나머지는 항해사가 되고자 하는 이들과 군함조련소에서 활용하도록 했다. 이 번역서는 이후 급속도로 발전해가는 일본 항해술의 기초가 되었다.

그 해 7월에는 장남 도이치로(東一郎)가 태어났다. 만지로는 고향 나카노하마에 계신 어머니에게 도이치로를 데려가 보여주었다.

영어를 배우려는 학생들이 매일 늘어나 만지로의 집은 '나카하마 학원'이라 불리게 되었다. 그때까지 일본에서 서양의 학문은 네덜란드어 밖에 없었다. 세계공용어는 영어였다. 개국 후에는 외교·무역·교류 관계자들이 서둘러 영어를 습득해야 했다. 하지만 제대로 된 영어를 배울 수 있는 곳은 당시 만지로가 가르치는 나카하마 학원이 유일했다.

만지로에게 영어를 배워 명성을 떨친 사람으로 오토리 게이스케(大鳥圭介), 미즈쿠리 사다지로(箕作貞次郎), 네즈 긴지로(根津欽次郎), 호소카와 쥰지로(細川潤次郎), 에노모토 다케하키(榎元武揚), 오야마 이와오(大山巖), 후쿠자와 유키치(福澤諭吉), 이와사키 야타로(岩崎弥太郎), 니시 아마네(西周) 등이 있다.

만지로는 영어뿐만 아니라 수학과 항해술 등의 개인교수도 했다. 일본의 미츠비시(三菱)를 세운 이와사키 야타로(岩崎弥太

郞)와 모리무라(森村)상사를 세운 모리무라 이치자에몽(森村市左衛門) 등은 만지로의 영향을 받은 인물들이다.

"앞으로의 세상은 해외에 눈을 돌리지 않으면 안 된다."

이들은 만지로의 말을 듣고 무역사업을 시작하게 되었다.

영어를 배우려는 사람이 늘고 있었지만 영일사전이 없었다. 이에 만지로는 급한 대로 『영미대화첩경(英美對話捷徑)』이라는 책을 저술했다. 이는 목판 인쇄본으로 재빨리 영어를 습득하고자 하는 사람들을 위한 기초영어회화 교재였다. 영어회화 문장에 가타카나로 읽는 법을 달고, 히라가나로 뜻을 번역한 것으로 정확한 발음에 가까운 가타카나를 찾는데 고심한 흔적이 보인다.

외국인 거류지가 생겨 일본 사절단이 미국으로 가게 되었다. 이런 시기를 타고 만지로의 영어회화 책은 베스트셀러가 되었다. 또한 만지로가 미국에서 가져온 영어 문법서는 막부의 서양 교육기관인 '양서조소(洋書調所)'가 복각판(復刻版, 목판본으로 조각해서 간행한 판)으로 출판했다. 이는 영문법 교재가 되어 일본 영어학습의 기초가 되었다.

만지로의 분주함은 이뿐만이 아니었다. 페리 함대가 내항한 후 대형선박과 서양선 건조가 허락되었다. 각 번에서는 서양식 신형 배를 건조하기 시작했다. 조언을 구하는 사람들이 많아 만지로는 여기 저기 바쁘게 불려 다니게 되었다.

당시 일본에서 가까운 서태평양 지역은 미국의 고래잡이 어장이었다. 하지만, 일본은 아직 해양자원에 관심이 없었다.

"포경사업이 번성하면 나라에 이익이 되고 선원양성도 활발해질 것입니다."

만지로는 가와지 도시아키라(川路聖謨)에게 제안했다.

"그럼 먼저 하코다테(函館)에서 그 사업을 시작해 보자."

그래서 하코다테의 목공이 난파한 포경선을 본떠 '하코다테마루(函館丸)'라는 64톤 규모의 작은 배를 건조했다.

만지로는 포경사업을 지도하기 위해 하코다테로 갔다. 가서 보니 하코다테마루는 배가 작아서 태평양의 거친 파도를 견딜 수 없는 것이었다.

"배를 새로 만드는 것에 너무 집착하지 말고 우선 포경 설비가 잘 갖추어져 있는 외국선을 구입하는 것이 안정성과 효율성 면에 있어서 좋다고 생각합니다."

만지로는 이렇게 의견을 냈지만, 미국 배를 구입하는 비용이 만만치 않아 결국 포기할 수밖에 없었다.

1859년 만지로는 에도 막부의 고래잡이 책임자로 임명되어 막부가 소유한 '기미자와가타이치반스쿠너(君澤型壹番Schooner)'의 선장이 되어 3개월간 포경 항해를 나가게 되었다. 하지만 도중에 풍랑을 만나 돛 하나를 베어 넘어뜨리고서야 겨우 전복을 면할 수 있었다. 결국 만지로는 고래잡이를 포기하고 시모다(下田)로 귀항했다.

역자주: 러시아 군함 '디아나호'(2천톤)가 일본에서 조난한 적이 있었다. 이때 러시아의 배 도면을 참고해 러시아 사관들이 설계도를 작성하고 이즈(伊豆) 기미자와(君沢)의 목공들이 에가와의 지휘 아래 '헤다호'(100톤)를 건조했다. 막부는 같은 모형의 소형 배를 6척 기미자와 목공들에게 건조하도록 지시했다. 이것이 바로 '기미자와형스쿠너'이다. 그 후 기미자와의 목공들

은 에도에 불려가 배를 건조하게 된다.

스쿠너(Schooner)는 두 개 이상의 돛대(마스트)를 가진 범선으로 16,7세기 네덜란드인에 의해 만들어진 것은 전범(前帆) 상부에 횡범(橫帆)을 달아 속도가 빠르고 바람 방향의 변화에 대응하기 쉽고 가볍게 달리는 이점이 있었다. 스쿠너는 연안에서 물자를 수송하는 데 큰 역할을 했지만 대양에서 고래잡이하는 배로서는 적절하지 않았다.

당시 일본에서는 '치요다마루(千代田丸)'가 가장 큰 배였다. 조선·설비·기술 등 모든 조건을 고려할 때 60톤급의 치요다마루 이상 큰 배를 만들 수 없었다.

60톤급의 대형선박을 지방에서 만들 수 있게 되었다는 것은 눈부신 진보였다. 하지만 만지로가 원하는 300톤급 배는 아직 멀고 높은 산이었다.

그 후 만지로는 미국에 가는 사절단의 통역 일원이 되어 포경사업은 중단되었다.

이처럼 서둘러 서양의 지식과 기술을 일본의 진보에 활용하고자 하는 움직임이 활발해지자, 만지로는 몸이 여러 개 있어도 부족할 정도였다.

한편 만지로가 일본 사회에 전하고자 한 미국의 문명과 사회제도 등은 당시의 무사들이 이해할 수 없는 것이었다.

결국 '모반을 부추기는 자', '위험한 사상가', '일본을 미국에 팔아넘기려는 매국노' 등의 오해와 감시를 받아야 했다.

26. 간린마루의 태평양 횡단

1860년 정월이 가까운 어느 날이었다. 군함 책임자 기무라 세츠츠노카미요시타케(木村攝津守喜毅)가 만지로를 불렀다. 불려간 자리에는 가츠 린타로(勝麟太郎)도 동석해 있었다.

"일본이 미국과 수호통상조약를 맺었지만, 조약이 효력을 발휘하기 위해서는 나라와 나라가 조약을 확인하는 비준서를 교환할 필요가 있다. 그래서 막부는 미국행 사절단을 파견하기로 했다."

마치 기무라는 하타모토(旗本)의 본보기를 보여주기라도 하듯 군더더기 없이 이야기를 이어갔다.

역자주: 하타모토는 에도 시대 쇼군에 직속된 무사로 직접 쇼군(將軍)을 가까이에서 지키며 만날 수 있는 자격이 있는 자로 녹봉이 1만석 미만 500석 이상의 신분이었다.

"가츠(勝)의 제안으로 사절단과는 별도로 이번에 일본 해군이 원양해양 실습을 겸해서 우리의 군함으로 사절단을 호위해 미국에 가기로 했다. 군함지휘관은 가츠가 담당할 것이다. 나카하마 만지로 당신 외에 영어를 할 수 있는 사람이 없으니까 이번에 꼭 통역으로 따라가 줬으면 좋겠다. 어때 괜찮지?"

역자주: 가츠 린타로(勝麟太郎, 1823~1899)는 가츠가이슈(勝海舟)의 아명이다. 또 다른 이름으로 가츠 야스요시(勝安芳)라고 한다. 도쿄의 스미다(墨田)에서 출생했으며, 난학(蘭學)에 몰두했다. 1850년 아카사카(赤坂)에서 사설학교를 세워 서양병학을 가르치다가, 1854년 나가사키 해군전습소 설치시에는 해군전습생 감독으로 있었다. 사카모토 료마가 그를 죽이려 왔다가 서양문물과 세계관의 설명에 감화되어 제자가 되었다. 1858년 체결된 미일수호통상조약비준서 교환시 사절단을 태운 간린마루호 선장으로 태평양을 횡

단하였으며, 1866년에 고베에 해군학원을 만들었다. 막부의 군사총재로 전권을 위임받았을 때 전부터 알고 있는 사이고 다카모리와 교섭해 1866년 3월 15일 에도성 총공격을 막았다.

사절단 정사는 미국 군함 포우하탄(Pawhatan, 3,765톤)호를 타고 가기로 했다. 가츠와 만지로는 별도로 일본 군함 간린마루(咸臨丸, 300톤급 스크류 장착선)를 타고 가게 되었다. 이는 일본인들이 자기들의 군함을 타고 처음으로 태평양을 횡단하게 되는 역사적인 순간이었다. 당시로서는 대모험이라 할 수 있었다.

기무라(木村)는 총독 자격으로 일본 군함에 승선했다. 기무라는 사절단 정사(正使)에게 무슨 일이 생길 것을 대비해 부사(副使) 자격을 겸하고 있었다. 기무라는 격식 높은 하타모토(旗本)로 당시 해군의 최고사령관이었다. 그는 막부가 해군을 양성하는 나가사키 전습소의 이사를 맡고 있을 때 근해 실습에 참가한 적이 있었다.

"도사 출신의 만지로! 우리들의 실력을 보여줄 때가 왔다. 태평양은 한달음에 갈 수 있는 거리다."

가츠 린타로는 이렇게 호언장담을 했지만, 기무라는 막부 해군의 역량에 불안감을 느끼고 있었다. 그래서 기무라는 미국 해군 대위 존 브룩(John Brooke)에게 안내를 부탁했다. 이에 미국 측은 항해 중 필요하면 원조가 가능하도록 미해군 수병 10명을 붙여주었다. 기무라는 만지로가 이번에 비록 통역으로 따라 가지만 지구를 2번이나 일주한 해양경험을 가지고 있는 그를 믿고 있었다. 지휘관 가츠는 미국인 대위 존 브룩과 사전회의를 하면서 이 사람이라면 믿을 수 있겠다고 생각했다. 하지만 일본 사관(士官)들은 이를 강하게 반발하고 나섰다.

"처음 태평양을 횡단하는데 일본인들만의 힘으로 해야 합니다. 우리들만으로 군함을 타고 갈 수 있는데 왜 미군의 힘을 빌립니까?"

가츠도 책임자가 되고 보니 근해 밖으로 항해 실습을 한 경험이 없는 일본 해군이 조금 불안했다. 하지만 외국인들을 싫어하는 사관들을 달랬다.

"미군들이 타고 온 배가 파손되어 우리가 그들을 우리 배로 데려다 준다고 생각하자."

이는 사실이었다. 브룩 함장이 타고 온 측량선이 파손되어 그들은 귀국할 배를 구하고 있었다. 하지만 가츠의 설명은 사관들이 간린마루(咸臨丸) 항해에 일절 간섭을 해서는 안 된다는 오해를 불러일으켰다. 이는 나중에 해상에서 큰 분쟁의 씨앗이 되고 만다.

간린마루는 1860년 2월 10일 오후 2시에 가나가와(神奈川)현 요코스카시(橫須賀市) 동부에 위치한 지역인 우라가(浦賀)를 출항했다. 간린마루는 전장 50미터의 소형 군함으로 3개의 돛과 12문의 대포를 갖춘 100마력, 시속 약 11킬로의 증기기관선이었다. 힘이 약한 군함이었다. 간린마루는 항구 출입구에서만 증기기관을 사용하고 항해 도중에는 돛을 이용해 달려야 했다.

그런데 출항한 지 얼마 지나지 않아 큰 풍랑을 만났다. 풍랑은 며칠간 계속되었다. 바다가 깊지 않은 네덜란드에서 건조된 간린마루는 배수면 밑이 얕았다. 그래서 풍랑이 심하면 선체가 37° 이상 기울어질 때도 있었다. 배가 좌우로 크게 흔들렸다. 눈앞에는 약 15미터의 큰 파도가 앞을 가로막고 있었다. 갑판 위로 파도가 대량으로 흘러 들어왔다.

처음 외국 바다로 나간 일본인들은 당황해서 어쩔 줄을 몰랐다. 배멀미로 심한 고통을 겪으면서 극한적인 공포상태에 빠지고 말았다. 사관으로 간린마루를 탄 아카마츠 다이사부로(赤松大三郎)는 그의 『아메리카행항해기(亞米利加行航海記)』에 다음과 같이 기록하고 있다.

'미국의 측량선 선장 브룩이 감독을 겸해 간린마루에 탄다는 이야기를 들었을 때 일본 해군사관들은 이를 받아들일 수 없었다… (중략)… 우린 어쩔 수 없이 그들을 태워준다고 생각하자고 했다. 그런데 큰 바다로 나가자 폭풍과 큰 파도를 만나 일본 수부(水夫)들은 약해지고 말았다. 결국 "가기 싫다" "일본으로 돌아가자"고 약한 말을 하는 자들이 많았다. 마치 콜럼버스가 미국 대륙을 발견하러 갈 때 생겼던 '콜럼버스 달걀' 사건의 소동이 일어날 것 같은 분위기였다.'

이런 상황에도 불구하고 지휘관 가츠는 아무 것도 할 수 없었다. 그는 배멀미가 심해 방 안에 들어가 있었다.

총독 기무라는 어찌할 바를 몰라 가츠에게 말했다.

"이대로 가다간 위험합니다. 배 지휘를 나카하마 만지로와 브룩에게 맡기는 것이 좋겠습니다."

"난 모르겠으니 당신이 알아서 하시오."

정말 무책임한 말이었다. 온후한 성격의 기무라도 가츠의 무책임한 말에 화가 치밀어 올랐다.

"지휘관이라면서 토라져 누워 버리면 어떻게 합니까?"

이 말을 들은 가츠가 갑자기 갑판으로 나갔다. 그는 폭풍우가 심한 갑판 위에서 소리쳤다.

"보트를 내려라. 난 일본으로 돌아가야겠다."

선원들은 모두 난처했다. 이때의 일을 가츠는 일기에 병으로 너무 힘들었다고 기록했다.

네 척의 거룻배 중 두 척을 파도에 빼앗기고 말았다. 밥도 지을 수 없는 상태였다. 수부(水夫)들은 말린 밥을 선 채로 먹었다. 그리고 선실로 들어온 바닷물을 펌프로 퍼내는 일에 시달려 젖은 옷으로 잘 수밖에 없었다.

이때 브룩이 제안했다.

"미국인들의 지도를 한 번 받아보는 게 어떻습니까?"

이 말을 들은 일본 사관들은 험악한 태도를 드러냈다. 브룩 일행이 간린마루에 동승하게 된 정확한 이유를 모르는 사관들은 감정적으로 나오며 심하게 반발했다. 그때마다 만지로는 그들 사이에 들어가 열심히 설명을 하거나 달래야 했다. 고생이 이만저만이 아니었다.

"넌 도대체 누구 편이냐! 미국 편이냐?"

만지로는 목숨까지 위험한 상황이었다.

브룩의 입장에서 보면 가츠와 면담하고 우호적으로 협력할 생각으로 간린마루에 탄 것이었다. 지금 태평양 한 가운데에서 간린마루는 위기에 빠져 있었다. 하지만 반목이 심해 어쩔 도리가 없었다. 브룩은 온화한 사람이었다. 그러나 일본인들의 태도는 불쾌하기 짝이 없었다.

당시 브룩이 만지로와 나눈 이야기를 다음과 같이 적고 있다.

'내가 만일 우리 부하들을 당직에서 빼고 일을 거부하게 한다면 기무라 총독은 어떻게 나올 지 만지로에게 물었다. 그러자 만지로는 배가 침몰하고 말거라고 대답했다. 그리고 그렇게 죽고 싶지는 않다고 대답했다.'

27. 해군사관 만지로와 존 브룩과의 우의

만지로도 해군사관이었다. 그는 일본인 선원들에게 명령했다.
"돛대에 올라가 돛을 접어라."
하지만 일본 선원들은 두려움에 빠져 아무도 움직이지 않았다.
"어부 주제에 우리에게 이래라 저래라 명령하다니."
"돛을 내리려면 네가 직접 해라."
이렇게 말하며 위협하는 선원들은 당장이라도 만지로를 바다에 던져넣을 기세였다.

결국 만지로는 태풍이 휘몰아치는 가운데 돛대 위에 올라가 혼자 작업을 했다. 선원들은 눈을 크게 뜨고 만지로를 보고 있었다. 미국 해군들도 쉽게 작업을 척척 해냈다. 배에 타고 있던 사이토 도메죠(齋藤留藏)는 당시에 대해 1860년 2월 11일 일지에 다음과 같이 기록하고 있다.

'이때 일본인은 서로 너무 당황해 아무 것도 할 수 없었다. 돛을 펴고 개는 모든 일은 미국인들의 도움을 받았다.'

'미국인들은 두려워하는 사람 없이 모두 평소와 같이 행동했다. 일본인들 중에 침착하게 임무를 수행하는 자는 나카하마, 오노(小野), 하마구치(浜口) 이들 세 명밖에 없었다.'

이 날 밤의 만지로의 태도를 브룩은 그의 일기에 다음과 같이 기록하고 있다.

'만지로는 밤새 깨어 있었다. 밤늦게까지 스미스와 이야기를

나누고, 노래를 부르면서 웃고 즐기는 만지로를 보고 나는 놀라지 않을 수 없었다.'

만지로는 태풍을 만났지만 오히려 옛날을 회상하며 노래까지 부를 정도로 여유가 있었다. 하지만 위기에서 구하고 싶어도 지휘할 권한이 없는 만지로와 브룩은 아무 것도 할 수 없었다.

간린마루는 태풍 때문에 샌프란시스코에 예정 대로 도착할 수 없을 것 같았다.

"해상 위의 모든 일을 저에게 맡겨 주신다면 예정 대로 배가 무사히 항구에 도착할 수 있도록 만들겠습니다."

만지로의 말을 들은 가츠는 드디어 만지로에게 모든 일을 일임했다. 만지로는 사실상 간린마루의 함장이 되었다. 그리고 배 조정을 브룩에게 부탁했다. 브룩은 바람 방향과 물결의 높낮이에 따라 방향키를 적절하게 조절했다. 그리고 브룩의 부하 선원들은 암흑의 거친 바다 속에서도 돛을 오르내리며 간린마루를 위기에서 구하는데 일조했다.

브룩은 이 날의 일을 그의 일기에 다음과 같이 기록하고 있다.

'1860년 2월 17일 나는 일본 선원과 사관들에게 나침반을 감시하도록 지시했다. 당연히 숙지하고 있어야 할 위관급 일본장교 중 여섯 명이 나침반 사용법을 모르고 있었다.'

당시 일본 사관들의 지식과 기술은 아주 미숙한 수준이었다. 브룩이 놀란 것도 당연한 일이었다.

이와 같이 일본인들의 미숙함을 여실히 드러낸 항해였지만, 측량을 담당한 오노 도모고로(小野友五郎)의 정확한 측량 실력

만큼은 브룩을 놀라게 만들었다.

샌프란시스코에 도착한 만지로는 브룩에게 편지를 적었다. 이는 가츠(勝)가 만지로에게 부탁한 영문의 감사 편지였다. 가츠는 다음과 같이 감사의 마음을 전하고 있다.

'이번 성공은 전적으로 당신(브룩) 덕분입니다.'

또한 브룩은 그의 일기에 다음과 같이 기록하고 있다.

'만지로는 내가 지금껏 만난 사람 중 가장 훌륭한 사람중 한 명이다. 그는 모험심 가득한 남자로 나는 그의 생애에 대해 직접·간접적으로 많은 이야기를 들었다. 나는 만지로가 그 누구보다 일본 개국에 큰 공헌을 한 인물이라고 생각했다.'

브룩의 일기에는 당시 일본 해군의 미숙함과 훈련부족이 지적되어 있었다. 이는 브룩 생전에는 공개되지 않았다가 약 100년이 지난 1961년 브룩의 손자가 제공한『원년만연 견미사절자료집성(元年万延 遣米使節資料集成)』에 그 내용이 실리게 되었다. 이를 통해 간린마루(咸臨丸)에서 일어난 일과 만지로의 역할이 명확히 밝혀지게 된 것이다.

28. 미국을 목격한 일본 해군장교들

만지로가 가츠에게 약속한 3월 17일(음 2월 26일)이었다. 샌프란시스코의 육지가 보이자 태풍으로 고생한 간린마루(咸臨丸) 승무원들은 미친 듯이 기뻐하며 이국땅을 바라보았다. 미국에 도착하는데 37일이 걸렸다.

가츠 린타로도 기뻐하며 만지로를 크게 칭찬했다.

"이번에 너의 탁월한 항해술에 진심으로 탄복했다."

샌프란시스코 만에는 방위를 위해 설치되어 있던 수백 문의 대포가 아무 말 없이 간린마루(咸臨丸)를 맞이했다. 육지에는 일본인들의 첫 방문을 보려고 모인 사람들이 많은 인파(人波)를 이루고 있었다. 대단한 환영식이었다. 호텔에도 시장을 비롯한 시내의 유지들이 모여 있었다.

의례적인 교류의 장에서는 만지로가 통역을 담당했다. 샌프란시스코는 철도와 전기 조명은 아직 보이지 않았지만, 전신이 사용되고 있었다.

동행한 후쿠자와 유키치(福澤諭吉)는 만지로의 제자로 아직 영어를 배운지 얼마 되지 않았을 때였다. 그는 이번 여행으로 미국의 대통령 선거, 신분제도, 직업의 자유 등 만지로에게 사회제도의 차이에 대한 설명을 듣고 많은 자극을 받았다.

유키치는 만지로와 책방에 가서『웹스터 영어사전(Webster's Third New International Dictionary of the English Language Unabridged)』을 구입했다. 만지로도 두 권을 구입했다.

제3부 막부등용과 근대화 참여 *153*

책방은 그 사전의 가치를 알아보는 일본인이 있다는 것을 알고 깜짝 놀랐다. 이때 만지로와 유키치가 가져 온 『웹스터영어사전』은 일본인의 영어학습 발전에 큰 기여를 하게 된다.

태풍을 만난 간린마루(咸臨丸)는 파손된 곳을 수리하기 위해 메어 아일랜드(Mare Island, 샌프란시스코 북부의 섬) 해군조선소에 맡겨졌다. 그곳에는 배 밑 수리를 위해 50미터 이상 간린마루(咸臨丸)를 들어 올려 작업할 수 있는 설비(부양 도크)가 갖추어져 있었다. 이를 본 일본인 일행은 너무 경탄한 나머지 말이 나오지 않았다.

한편 정사(正使) 일행을 태운 미국 군함 포우하탄(Pawhatan)호는 간린마루(咸臨丸)보다 2주간 늦게 샌프란시스코에 도착했다. 그 후 파나마에 무사히 도착한 정사 일행은 육로를 통해 워싱턴에 간다는 보고가 들어왔다.

이제 정사 일행의 워싱턴행에 문제가 없다고 판단한 기무라(木村) 총독은 정사 대리를 할 필요성이 없어졌다. 그래서 그는 태풍 철이 다가 오기 전에 귀국하기로 결정했다.

기무라 총독은 미국 해군에게 감사의 마음을 전달한 뒤 생명의 은인 브룩에게 예비로 가져온 금화 상자를 열어 보이며 말했다.

"이번에 당신 덕분에 무사히 우리 임무를 마칠 수 있었습니다. 어떻게 감사의 마음을 전해야 할지 모르겠습니다. 상자에서 가져가시고 싶은 만큼 금화를 가져가십시오."

하지만 브룩은 정중하게 거절했다.

"간린마루(咸臨丸) 항해가 성공해 처음으로 훌륭한 일본인들을 미국에 소개할 수 있어서 오히려 제가 영광입니다."

돌아가는 항해는 만일을 대비해 미국 해군 5명이 동승해 주었지만, 바다가 잔잔해 일본인의 힘만으로 항해를 해낼 수 있었다.

간린마루(咸臨丸)는 1860년 5월 23일(음 4월 4일) 물·석탄·식량 등의 보급을 위해 4일간 호놀룰루항에 정박했다.

기무라 총독은 하와이의 왕 가메하메하 4세의 궁전을 찾아 국왕에게 인사를 올렸다. 만지로가 통역을 담당했다.

만지로는 하와이에 온 김에 데몬 목사님을 만나 감사의 마음을 전하고 싶었다. 목사님은 만지로 일행이 귀국을 준비할 때 정말 많은 도움을 주었다. 그 이후로 벌써 10년이 지났다.

만지로가 데몬 목사님을 방문하자 목사님은 만지로와의 재회를 무척 기뻐했다.

"당신들이 떠난 후 과연 무사히 조국에 돌아갔는지 걱정했습니다. 그래서 페리 함대가 이곳에 왔을 때 소식을 물어보기도 했습니다."

데몬 목사님은 훌륭한 해군 사관이 되어 나타난 만지로의 모습에 놀라 눈을 크게 뜨고 쳐다보았다. 만지로는 목사님의 질문에 그 동안의 경위를 설명했다. 그리고 만지로는 기념으로 그가 번역한 『보디치해양술』을 일본 칼(日本刀)과 함께 선물했다.

다음 날 만지로는 간린마루(咸臨丸)로 데몬 목사님을 초대해 기무라 총독과 가츠에게도 소개했다.

데몬 목사님은 만지로가 귀국 후 변한 미국과 세계 정보를 알 수 있도록 그 동안 발행한 잡지 『프렌드(Friend)』를 선물했다. 이 잡지의 5월 6일자에 일본 개국의 첫 걸음인 '미일화친조약조인'에 대한 기사가 실려 있었다. 당시 일본개국은 세계의 주목을 받는 큰 뉴스거리였다.

만지로는 샌프란시스코에 체류하는 동안 휘트필드 선장에게 편지를 썼다. 하지만 스파이로 일본인들의 감시를 받고 있어 우편물을 보낼 수 없었다. 배 안에서 쓴 편지를 데몬 목사님께 부탁해 편지를 보냈다. 그래서 이 편지에는 5월 2일과 25일 두 날짜가 적혀있다.

편지에는 귀국한 경위 등을 자세하게 적고 있다. 만지로는 일본에서 선장님께 편지를 보낼 수 없었다. 드디어 무사히 귀국했다는 보고를 드릴 수 있어 기뻤다.

1860년 6월 23일 간린마루(咸臨丸)는 우라가(浦賀)에 귀항했다. 외국인을 싫어하던 간린마루의 승무원들은 미국에서 목격한 선진문화에 눈을 뜨게 되었다. 그리고 브룩과 다른 미국인의 신사적인 대응에 크게 감동했다.

만지로 일행이 귀국하자 일본 국내는 크게 혼란스러웠다. 테러와 반란을 기도한 양이파(攘夷派)의 범인을 잡아 처벌한 대로(大老: 쇼군을 보좌하던 최고 직명) 이이 나오스케(井伊直弼)가 3월에 암살당하는 등 국내는 살벌한 긴장감에 휩싸여 있었다.

역자주: 1860년 3월 24일, 이 날은 봄인데도 불구하고 에도(도쿄)에 폭설이 내렸다. 에도 사쿠라다(櫻田: 벚꽃이 많이 피어 있는 곳) 문 밖에서 미토(水戶)와 사츠마(薩摩) 낭인 18명이 성으로 들어오는 대로(大老) 이이 나오스케(井伊直弼)의 행렬을 습격하는 사건이 발생했다. 폭설 때문에 칼집을 채워 놓았던 대로 일행은 재빨리 응전하지 못해 18명의 사상자가 발생했다.

이이(井伊)는 사츠마번 낭인 아리무라 지에몽(有村次衛門)에게 참수당했다. 1858년 천황의 칙서 없이 이이(井伊)는 미일수호통상조약에 조인하고, 제13대 쇼군 도쿠카와 이에사다(德川家定) 후계자 문제에서 히토츠바시파(一橋派)를 물리쳤고, 이를 비난한 존양파(尊攘派)를 탄압하고 사화를 일으켰다. 이러한 폭정에 반대한 낭인들이 이이를 간적(奸賊: 간사한 도적)으로 여기고 테러를 일으켰던 것이다. 이 사건을 계기로 막부의 권위가 실추되었다.

만지로가 미국에서 사온 물건들을 보면 그의 애국심과 성격을 짐작할 수 있다. 그 목록은 다음과 같다.

서적
간린마루(咸臨丸)에서 가져와 나카하마 집안에 현존하는 책은 총 9권이다.
1. 『웹스터영어사전』 2권
한 권은 호소카와 쥰지로(細川潤次郎)에게 선물했다.
2. 미해군군사서 2권
만지로는 일본해군의 개혁 필요성을 느껴 이 책을 구입했다.
3. 『도설미국사(圖說米國史)』
미국을 소개하기 위해 구입했다.
4. 『기계공학원리(機械工學原理)』
일본 기계 문명의 진보를 위해 구입했다.
5. 그 외 전문가 수준의 물리서적
6. 『프렌드(Friend)』지 합본

카메라 – 다게레오타입(daguerrotype) 카메라
나가사키에 다게레오타입 카메라가 들어와 있었지만 에도에

처음 가지고 온 사람은 만지로였다. 사진을 찍어 달라고 부탁하는 사람들이 많았다. 사진을 찍기 위해 유리판에 약품을 발라 필름을 만들어야 했다. 현상액 조합도 직접해야 하는 카메라였다. 만지로는 간린마루(咸臨丸)가 샌프란시스코 항구에 입항한 한 달 사이에 미국인 사진기사에게 다게레오타입 카메라의 사용법을 배웠다. 데몬 목사도 『프렌드(Friend)』지에 만지로가 구입한 물건에 대한 기사를 싣고 있다.

'가장 감동한 것은 카메라를 구입한 일이다. 어머니를 찍으려고 구입한 것으로 "어머니를 찍고 나면 더 이상 필요 없다"고 말했다.

미싱(sewing machine, 재봉틀)

일본에 처음으로 미싱을 소개한 것은 만지로였다. 미국은 기계혁명으로 소형 가정용 미싱이 보급되기 시작했지만 이 시기에는 고급 가구에 속했다. 간린마루(咸臨丸)가 샌프란시스코 항구에 입항한 동안 기무라 총독은 기계방사관(器械方士官)의 집에 초대받았다. 만지로는 통역원으로 따라가 그곳에서 방사관의 딸이 미싱을 사용하는 것을 보게 되었다. 만지로는 눈이 잘 보이지 않는 어머니가 바느질을 하시는 것이 안쓰러워 미싱을 구입했다. 어쩌면 아내 테츠(鐵)를 위해 구입했을 지도 모를 일이다.

만지로는 기계 문명이 뒤쳐진 일본에 선진 문물들을 소개해 일본 사회에 자극을 주고자 했던 것이다.

29. 오가사와라의 치치섬과 하하섬 일본영토 확정

　간린마루(咸臨丸)는 무사히 태평양을 횡단했다. 막부는 이를 성사시킨 만지로의 공적을 치하해 은 80냥을 포상금으로 하사했다.
　한편 가츠 린타로(勝麟太郎: 가츠 가이슈)는 임무를 제대로 수행하지 못한 것을 이유로 해군직을 박탈당했다.
　막부는 외국인의 도움을 받은 것은 막부 해군의 수치라 판단하고 일본인만으로 어려운 항해를 완수했다고 거짓으로 공표하고 관계자들의 입을 막았다.
　기무라, 후쿠자와, 가츠 등은 이 덕분에 간린마루(咸臨丸)의 공적자로 불리며 칭송받게 되었다.
　그런데 1860년 8월 만지로는 외국선에 초대받아 간 것에 대한 질책을 받게 되었다.
　"만지로, 너는 외국인과 어울리고 외국선을 방문했다. 이는 당치 아니한 행동이다."
　그 이유만으로 군함조련소 교수직을 면직당하고 근신을 명받았다. 당시 근신이란 자기 집 대문을 닫고, 외출을 허락하지 않는 형벌이었다.
　외국사정을 물으러 오는 사람과도 만날 수 없도록, 그리고 만지로가 외국 이야기를 하지 못하도록 감시자를 붙여 놓았다.

　다다음 해인 1862년 통역이 필요한 막부는 만지로의 근신을 해제하고, 그를 오가사와라(小笠原) 섬으로 보냈다.

당시 오가사와라에서 사람이 사는 곳은 치치(父)섬과 하하(母)섬뿐으로 외국인들이 살고 있었으나 일본인은 없었다. 그래서 오가사와라가 어느 나라 영토인지 명확하지 않았다.

막부는 오가사와라를 일본의 영토라고 명시하고, 하치죠지마(八丈島) 사람들을 오가사와라로 이민시키기로 결정했다. 그래서 외국담당 미즈노 다다노리(水野忠德)를 단장으로 하는 개척단을 오가사와라에 파견하기로 한 것이다. 간린마루에서 측량을 담당했던 오노 도모고로(小野友五郎)를 간린마루의 함장으로 임명하여, 107명의 일행이 3개월간 출장을 가게 되었다.

1861년 12월 19일 개척단은 치치(父)섬에 도착했다. 짙은 푸른 나무로 둘러싸인 정겨운 풍경을 보며 섬으로 들어간 일행은 깜짝 놀랐다. 섬에는 미국 국기가 걸려있었던 것이다.

교섭 상대는 나타니엘 사보리(Nathaniel Savory)였다. 만지로는 15년 전 프랭클린 호를 타고 치치 섬에 갔을 때 그를 만난 적이 있었다.

개척단 일행은 치치섬 아사히(旭)산 정상에 일장기를 세웠다. 그리고 섬사람들을 모아 만지로가 영어로 말했다.

"오가사와라는 일본의 영토입니다. 앞으로 일본이 통치하게 될 것입니다. 지금부터 법령을 설명하겠습니다."

만지로는 법령 7조항을 설명하고 승인을 받았다.

그리고 섬사람들에게 술·양초·집기(什器: 그릇·살림살이 물건) 등을 선물하고, 친목을 도모했다. 섬사람들은 모두 38명이었다.

이어서 하하섬으로 가서 치치섬과 똑같은 방식으로 실시했다.

하하섬에는 14명이 살고 있었다.

만지로는 하하섬에서 나무에 걸려있는 영문 간판을 발견했다. 9년 전 페리 제독이 플리머스(Plymouth, 189톤)호 함장에게 명령해, 하하 섬이 미국 영토임을 표시해 놓은 간판이었다. 하지만 미국 정부가 이를 승인하지 않아 방치되어 있는 상태였다.

일행이 하하섬을 떠나려 하자 섬대표가 이별을 아쉬워했으므로 그곳의 분위기가 침울했다. 그래서 만지로는 아코디언을 꺼내 연주하기 시작했다.

경쾌한 멜로디가 흐르자 갑자기 분위기가 일변했다. 템포가 빠른 유쾌한 리듬에 맞춰 몸을 흔들거나 춤을 추는 사람도 있었다.

이렇게 만지로 일행은 치치섬과 하하섬의 주민들과 우호적으로 교류했다. 그 결과 이 지역을 일본 영유권으로 하는 것에 대해 섬 주민들의 동의를 쉽게 얻어 낼 수 있었다.

역자주: 오가사와라(小笠原)제도는 도쿄도(東京都)에서 1,000km 떨어져 있으며, 치치섬(父島)은 30여개의 섬중에 가장 크다. 면적은 23.8㎢이며, 현재 인구는 2,000여명 정도이다. 치치섬에서 남쪽으로 50km의 거리에 있는 하하섬(母島)은 면적이 20.21㎢이며, 인구는 440명 정도 거주한다. 삼일천하로 끝난 갑신정변(1884년)을 일으켰던 김옥균(金玉均, 1851~1894)이 일본으로 망명하였으나, 1886년 일본 조정이 치치섬을 거쳐 하하섬에 보내어져 1년 정도 살았으며 초·중학교의 부교재에 김옥균에 관한 내용이 실려 있다.

아코디언은 간린마루로 미국에 갔을 때 사온 것이었다. 만지로는 이전에 포경선을 탔을 때 선원들과 함께 아코디언을 반주하면서 노래를 부르곤 했었다. 만지로에게 있어서 포경선은 고향이나 다름없었다.

하지만 만지로가 에도에서 아코디언을 연주했다는 기록은 없다. 아마 사람들 눈에 띄는 화려한 연주를 삼가했던 것 같다.

또한 동행한 단원의 일기에 만지로가 간린마루에서 감성돔을 몇 마리 낚아서 회로 떠 맛있게 먹었다는 기록이 남아있다.

만지로가 돌아온 후 오가사와라 하치죠지마(八丈島)에 세 명의 개척민을 보내게 된다. 그런데 일본 본토에서는 양이파(攘夷派)들이 외국인을 살상하는 사건들이 계속해서 발생하면서 외국과의 관계가 악화되고 있었다. 그 결과 9개월 후 일본인 이민자를 다시 본토로 철수시키게 된다.

역자주: 1861년 7월 5일 미토번의 낭인 아리가(有賀) 등 14명이 도젠지(東禪寺)에 있던 영국 영사관을 습격하는 사건이 발생했다. 영국 공사가 전날 막 도착한 상태였다. 이 사건으로 영사관 직원들이 부상을 입었다.

또한 다음 해 9월 14일에는 요코하마 근교의 나마무기(生麥) 마을에서 관광을 하고 돌아가던 영국 상인 4명이 사츠마번 낭인 나라하라(奈良原)의 칼에 베여 1명이 사망하는 사건이 발생했다. 당시 사츠마번 영주 시마쯔(島津)의 부친 일행이 에도에서 귀향하는 중이었다. 이때 영국 상인들이 말을 탄 채 행렬 앞을 지나려고 하다가 일어난 사건이었다. 이는 '나마무기사건'으로 불린다. 이 사건은 보수 세력들을 자극하는 기폭제가 되었다.

만지로의 활약으로 오가사와라제도가 일본 영토가 되었지만 한동안 일본인들은 아무도 살지 않았다.

제4부 결혼생활, 부인과 사별, 후진양성

30. 부인 테츠와의 결혼생활
31. 위험한 구입품-성서
32. 부인 테츠와의 슬픈 이별
33. 만지로의 목숨을 노리는 사람들
34. 가고시마 개성소 교수부임과 철제증기선 구입
35. 도사번의 개성관 교수부임과 무역선 구입
36. 불타오르는 사츠마번 저택
37. 에도 후카가와 시모(下) 저택을 하사받다

존 만지로 관련 사진 자료 (4)

존 만지로

부인 테츠

존 만지로 동상

30. 부인 테츠와의 결혼생활

매일 아침 만지로가 눈을 뜨면 빵굽는 냄새가 집안을 가득 채웠다. 아침에 빵을 굽는 것은 부인 테츠의 일과 중 하나였다.
'아! 이 냄새 정말 좋다. 내가 좋아한다고 아내까지 빵을 먹게 해서 미안하다.'
만지로는 미국의 골드러시 때 금산에서 일하면서 매일 빵을 직접 구워 먹었었다. 일본에 돌아와서도 결혼하기 전까지 그는 빵을 직접 구웠었다. 만지로에게 빵은 미국 농장에서 지내던 행복감을 상기시키는 것이기도 했다.
만지로가 부인 테츠에게 빵굽는 법을 가르치자, 그녀는 금방 기술을 습득했을 뿐만 아니라 빵을 맛있게 구워냈다.
"일본 최고의 빵 맛이 어때요? 맛있죠?"

에가와(江川) 집에서도 빵을 구워 먹었다. 에가와 히데타츠(江川英龍)는 군사용으로 필요하다고 생각해 서양 포술을 배운 나가사키 출신 다카시마 슈한(高島秋帆)에게 빵 제조법을 배웠었다. 그는 이를 활용해 그가 담당하던 이즈(伊豆)에 기근이 들었을 때 저장해둔 구운 건빵을 나누어 주기도 했다. 또한 건빵을 군사용으로 비축해 두었다.
기술에 관심이 많은 에가와는 미국식 빵굽는 기술을 만지로에게도 배웠다.
만지로는 막 구워 낸 빵에 달달한 잼을 듬뿍 발라 먹었다. 잼은 부인 테츠가 직접 만든 것으로 에가와가 보낸 이즈의 여름

밀감을 껍질째 썰어 넣고 설탕으로 끓인 새콤한 맛의 마멀레이드(marmalade)였다. 테츠가 만든 마멀레이드는 자몽·유자·귤·오렌지로 만든 귤잼이었다.

만지로는 미국에서 커피에 설탕을 넣고 마셨지만 일본은 커피를 구할 수 없어 녹차에 설탕을 넣어서 마셨다. 죽에도 설탕을 넣을 정도로 만지로는 단 것을 좋아했다.

부인 테츠는 새로운 것을 좋아하고 연구하고자 하는 타입의 사람이었다. 당시 일본 사회에서 고기요리는 사람들이 싫어하는 요리였지만 테츠는 이를 배워 만지로를 위해 자주 고기요리를 했다.

만지로는 외출할 때는 기모노를 입었지만, 집에 돌아오면 바지로 바꿔 입었다. 어느 날 부인 테츠가 만지로 몰래 남편의 옷과 바지를 입어 본 적이 있었다. 옷자락이 얽히지 않아 활동하기 쉽다는 것을 알게 되었다. 하지만 바지를 입고 생활할 용기가 나지 않아 그만두었다.

만지로는 일부러 가끔 아내 테츠에게 고향 도사 사투리로 말했다. 그때마다 테츠는 배를 잡고 웃었다. 만지로는 열 살이나 어린 부인 테츠의 천진난만한 말과 행동이 사랑스러웠다.

테츠는 에도의 위엄 있는 검술도장 집안의 딸이었다. 하지만 그녀는 세간과 다른 만지로와의 편안하고 자유로운 생활을 즐기며 살았다.

만지로는 부인을 '테츠 상'이라 불렀다. 미국식 교육을 받은 만지로는 나이가 어리건 여자건 평등한 인간으로 대하고 그렇게 행동하는 것이 오히려 자연스러웠다.

"미국에 있을 때 내 친구들이 농장에 와서 난폭한 행동을 하거나 장난을 치곤했지. 노는 것에 정신이 팔려 밭을 망치거나 울타리를 부순 적도 있었어. 그래도 선장님과 부인은 화내지 않고 우리를 용서해 주셨어. 물론 그래서는 안 된다고 하셨지만, 나중에 우리들을 위해 케이크를 준비해 같이 드셨어. 이 집에는 하느님이 머무신다고 생각할 정도로 두 분 부부는 정말 자상한 분들이셨어. 정말 행복했다니까."

남편이 이런 이야기를 할 때마다 부인 테츠는 이를 일본에서도 이어가려고 하는 남편을 신뢰하고 존경했다.

만지로는 하루가 끝나면 반드시 주기도로 일과를 마쳤다.

> 하늘에 계신 우리 아버지여.
> 이름이 거룩히 여김을 받으시오며,
> 나라가 임하시오며,
> 뜻이 하늘에서 이루어진 것같이 땅에서도 이루어지이다.
> 오늘 우리에게 일용할 양식을 주시옵고,
> 우리가 우리에게 죄 지은 자를 사하여 준 것 같이
> 우리 죄를 사하여 주시옵고,
> 우리를 시험에 들게 하지 마시옵고,
> 다만 악에서 구하옵소서.
> 나라와 권세와 영광이 아버지께 영원이 있사옵나이다. 아멘.

당시 일본은 그리스도교가 엄하게 금지된 시대였다. 기도를 하는 만지로를 처음 본 테츠는 몹시 놀라 간이 떨어지는 줄 알았다. 하지만 시간이 지나자 남편을 의심하지 않고 오히려 남편을 따라 기도하게 되었다.

> 하늘에 계신 우리 아버지여.
> 이름이 거룩히 여김을 받으시오며,
> 나라가 임하시오며,
> 뜻이 하늘에서 이루어진 것같이 땅에서도 이루어지이다.
> ……

부인이 기도하자, 이번에는 만지로가 깜짝 놀랐다.
"테즈 상! 당신까지 연루시키고 싶지 않아. 당신은 그냥 모른 척 했으면 좋겠어."

만약 이곳에 그리스도교 신자가 산다는 것을 알게 되면 보상금을 노리고 관리에게 신고하는 자가 있을 터이다. 신고받으면 당장 잡혀가고 말 것이다. 행정 관청의 처벌은 정해져 있었다. 죄인을 나무 기둥에 묶어 옆구리 좌우를 찔러서 죽이는 책형(磔刑)으로 여러 사람들이 모인 곳에서 이를 시행했다.

만지로는 이를 각오하고 기도했지만, 생각할수록 너무 끔찍한 형벌이었다. 그런데도 테츠는 보조개를 지어보이며 웃어넘길 뿐이었다.

"당신과 나는 살아도 같이 살고 죽어도 같이 죽어요. 예수 그리스도처럼 죽을 수 있는 게 얼마나 훌륭한 죽음인가요?"

이는 둘만의 비밀이었다. 그것은 두 사람의 마음을 하나로 묶는 역할을 했다. 그리고 이때 만지로는 한 가지 결심을 했다.

'그래 과감히 요코하마에 한 번 가 보자. 테츠와 나를 위해 그것을 사오자.'

31. 위험한 구입품-성서

그 날 만지로에게 고향 도사 사람이 찾아와 우연히 말(馬)에 대한 이야기를 하게 되었다.

"미국 말은 크고 힘이 좋습니다. 미국 말과 비교하면 일본 말은 덜 믿음직스럽지요."

만지로의 이야기를 들은 손님은 화가 나서 호통을 치기 시작했다.

"당신 이야기를 들으면 뭐든지 미국이 대단하고 일본은 뒤떨어진 것처럼 들리잖아. 말(馬)까지 그렇다니. 말은 그저 말일 뿐이야. 나라에 따라 말 크기가 다르다니 나 원 참, 뭐 나를 바보 취급하는 거야, 뭐야?"

그렇게 말하고 자리를 박차고 돌아가 버렸다.

만지로의 이야기를 듣고 이를 열심히 배우는 사람도 있었지만, 사실을 이야기해도 믿지 않는 사람들이 더 많았.

전신(電信)에 대한 이야기, 증기기관차가 20량이나 30량의 객차와 화물차를 끌고 간다는 이야기, 갑갑한 가마가 아니라 빠르고 편안한 마차를 타고 다닌다는 이야기도 믿지 않았다.

"허풍을 떠는 것도 정도껏 해야지. 역시 소문대로다. 우리를 속여서까지 그렇게 미국에 충성하고 싶은가?"

만지로는 서양문명과 서양의 사회구조를 전해 일본의 진보에 조금이나마 공헌하고 싶었다. 이를 위해 위험을 무릅쓰고 귀국한 것이지만, 이를 오해하는 사람들을 보자 마음이 슬프고 편하

제4부 결혼생활, 부인과 사별, 후진양성

지 않았다.

"아는 척하면서 막부의 고관들에게 잘 보여 출세하려는 비열한 자다."

이렇게 말하는 자도 있었다. 정말 화가 치밀어 오르는 말이었다. 그래도 만지로는 자신을 타이르고 참았다.

그때마다 휘트필드 선장님의 말씀이 떠올랐다.

'저들은 자신들이 무슨 잘못을 하는지 모르고 있으니 용서해 줘라. 언젠가 깨닫게 될 때가 올거다.'

'그렇다. 용서하고 참자. 하지만 난 자신이 없다. 이럴 때 성서가 있으면 얼마나 좋을까? 성서를 읽으면 영혼으로부터 용기가 솟아날 지도 모른다.'

결혼한 지 9년 후인 1862년 음력 6월이었다. 에도에는 비가 자주 오고 무더웠다. 테츠는 열병으로 삼일 정도 집에 드러누워 있었다.

'아이들을 위해서라도 빨리 병이 호전되었으면 좋겠다.'

'역시 성서를 구하러 가자. 성서를 읽고 테츠도 나도 건강을 되찾자.'

만지로는 성서를 미국에 두고 왔었다. 당연히 일본에서 구입할 수 없는 것이었다. 하지만 요코하마에 가면 구할 수 있다는 말을 들은 적이 있었다.

막 벚꽃이 졌을 무렵 막부의 번서조소(蕃書調所, 정부의 번역센터)에서 관리가 나와 부탁을 하고 갔다.

"번서조소에서는 네덜란드어 교육과 번역을 해왔습니다만, 이번에 선생님의 의견을 받아들여 막부는 영어를 중심으로 한 '양서조소(洋書調所, 양학연구교육기관)'로 바꾸게 되었습니다. 그래서 영어를 배우는데 도움이 될 책과 외국 사정을 파악할 수 있는 원서를 구입하고 싶습니다. 선생님이 직접 골라 주시지 않으시겠습니까?"

'양서조소(洋書調所)'는 후에 1874년 토쿄가이세(東京開成) 학교로 명칭을 바꾸게 되는데, 오늘날 동경대학의 전신이다. 만지로는 영어를 번역하고 교수직을 맡게 된다.

요코하마에서 상인이 가져온 양서 중 만지로는 우선 30권 정도를 선정했다. 상인이 나머지를 상자에 넣으면서 말했다.

"당신에 대한 소문은 익히 들어 잘 알고 있습니다. 필요한 양서가 있으시면 어떤 것이라도 말씀만 해 주십시오. 요코하마에 있는 것이라면 바로 가져다 드리겠습니다. 만일 요코하마에 없는 것이라도 좀 시일이 걸리겠지만 반드시 구해서 가져다 드리겠습니다."

상인이 상자에서 꺼내지 않은 검은 표지의 책이 보였다. 일순 그곳에 눈이 간 만지로는 깜짝 놀라 눈길을 돌렸다. 구약성서와 신약성서임에 틀림없었다. 슬며시 보여준 이유가 무엇일까?

조소(調所)의 관리는 아직 영어를 몰랐다. 함정일지도 모를 일이었다. 경계심이 솟아났다. 하지만 요코하마라면 성서를 반드시 구할 수 있다고 느꼈다. 성서를 구하고 싶은 마음이 사라지지 않고 계속 마음 속에 남아 있었다.

'혹시 들킨다면 어쩌지! 하지만 단단히 각오하고 십자가를 지고 가야 할 거야.'

만지로는 항상 막부의 감시를 받고 있었다. 만지로가 출입하는 문에 감시자가 서 있는 것을 확인했다. 에가와(江川) 집 별채에 있는 문에 가마를 대기시켰다. 우선 감시의 눈을 벗어나야 했다. 하지만 가마에 익숙하지 않은 만지로는 도중에 속이 좋지 않아 다마가와(多摩川)에서 내려 걸었던 적이 있었다.

만지로는 요코하마 근처 가나가와(神奈川)에 도착해 하룻밤을 숙박했다.

각오를 했지만 돌아갈 시간이 되자 무릎이 부들부들 떨렸다.
'그만둘까? 아니 만지로! 너의 그 용기는 어디로 간 것이냐?'

당시 요코하마, 나가사키, 하코다테에서는 몇 해 전부터 무역이 시작되고 있었다.

한적한 어촌 마을이었던 요코하마 마을에 집들이 들어서고 외국인들이 살기 시작했다. 가건물로 된 외국인 상점들이 많았다. 모던(modern)한 상품 거래소도 눈에 들어왔다. 가게 간판, 상점이름이 모두 영어로 그것도 가로로 적혀 있었다.

만지로는 한 상점에 들러 가죽 구두를 샀다. 가죽이라면 나막신보다 덜 피곤하다는 것을 만지로는 잘 알고 있었다. 하지만 사람들 눈에 띄어서 좋을 게 없었다. 그래서 갈아 신지 않고 나막신을 신고 계속 걸었다.

원하는 물건을 가지고 있는 가게를 찾았다. 미국인은 잡화를 좋아한다. 안으로 들어가니 서가가 있었다.

"나는 일본 관리다. 성서를 찾는다. 당신은 외국인이니까 죄가 되지 않으니 안심하고 보여 주시오."

일부러 영어와 몸짓을 섞어가며 설명했다. 가게 주인이 안에서 가져온 검은 표지의 책을 만지로의 손바닥 위에 놓자, 그 무게감에 만지로의 심장이 두근거렸다. 이를 가게 주인에게 들키지 않으려고 숨기면서 말했다.

"오 케이. 당신은 노 크라임(no crime), 죄가 없으니 걱정 마시오."

꼭 가지고 싶었던 성서를 드디어 손에 넣었다. 하지만 들키면 나무 기둥에 묶여 옆구리 좌우를 찔려 죽임을 당할 것이 뻔했다. 긴장해서 온 몸에 땀이 났다. 구두와 성서를 보자기에 싸 나막신을 신은 채 나왔다.

도중에 여자가 우뚝 서서 만지로를 쳐다보고 있었다. 왠지 미행당하고 있는 것 같았다. 그때 음식점 앞에 가마가 한 대 보였다. 음식점에서 쉬는 척하다가 재빨리 가마를 타고 가마꾼에게 서둘러 달라고 부탁했다. 무사히 집으로 돌아왔지만 한동안 심장 뛰는 증세가 멈추지 않았다.

아내가 누워 있는 곳으로 가자 테츠는 눈을 뜨고 볼이 상기되어 일어나려고 했다.

"수고하셨어요. 요코하마에서 고생 많으셨죠?"

"수고라니. 테츠 상! 몸은 좀 어때. 좀 좋아진 것 같아 다행이야. 우리 둘 만의 소중한 비밀을 가지고 왔어. 여기서 내가 읽어 줄게."

이 영문 성서는 오늘날도 나가하마 집안에 남아있다. 표지 뒷면에는 날짜와 사인이 다음과 같이 적혀있다.

'1862년 6월 2일 그것을 구했다. Nakahama,T.N 1862'

N은 만지로 노부유키(万次郎信志)의 이니셜이고, T는 아내 테츠의 이니셜이다.

제4부 결혼생활, 부인과 사별, 후진양성

32. 부인 테츠와의 슬픈 이별

머지않아 테츠의 병이 회복되었다. 하지만 한 달 반 정도 지나자, 다시 기침이 심해지고 열이 나더니 드러눕고 말았다. 충혈된 테츠의 눈을 본 의사는 고개를 갸웃하더니 주의를 주었다.
"혹시 모르니 아이가 곁에 가지 못하게 하는 게 좋겠습니다."
이틀 후 테츠의 귀 뒷부분에 빨간 발진이 생겼다. 열이 떨어지지 않고 다음 날은 호흡조차 힘들어했다. 죽도 먹지 못해 겨우 의사가 주고 간 약만 먹였다.
"요새, 홍역이 유행해 죽은 사람도 있으니 조심하시오."
의사는 테츠가 홍역에 걸렸다고 생각해서 바르는 약도 두고 갔다.

만지로는 테츠의 병상에 계속 붙어 있을 수 없었다. 영어를 배우러 오는 학생, 서양식 조선에 대해 상담하러 오는 손님이 계속해서 찾아왔기 때문이다. 만지로의 처지를 안 테츠의 친정에서 간병인을 붙여 주었다. 마황탕(麻黃湯)을 마신게 효과가 있었는지 열이 조금 떨어졌지만 여전히 말하기 힘들어했다.
그 뒤 얼굴에도 발진이 생기고 고열이 계속되더니 갑자기 몸 전체로 발진이 번졌다. 테츠는 고열에 신음하고 가려움에 몸부림쳤다. 누가 봐도 홍역이었다. 입 안에도 하얀부스럼이 생겼다. 이렇게 사흘간 고열로 신음했다. 호흡도 급해지기 시작했다.
"정신 차려, 테츠! 성서를 읽어줄게."
"만지로! 난 당신 덕분에 정말 행복했어요."

희미한 목소리가 들리더니 아무런 반응이 없었다. 의식을 점점 잃어가고 있었다. 테츠의 생명이 사라져 가는 것을 의식한 만지로는 소리쳤다.

"테츠, 제발 눈을 좀 떠 봐!"

왕진을 온 의사는 그렇게 오래 살지 못할 것이라고 말하고 돌아갔다. 테츠의 의식이 끊어졌을 때 만지로는 테츠의 몸을 흔들면서 부르짖었다. 눈물이 멈추지 않았다.

"테츠, 제발 눈을 좀 떠 봐! 뭐라도 좋으니 말 좀 해 줘. 우리 서로 살아도 같이 살고 죽어도 같이 죽자고 약속했었잖아. 제발 날 두고 이렇게 가지마. 다시 살아나줘."

테츠의 얼굴에 만지로의 눈물이 멈추지 않고 계속 떨어져 내렸다.

하지만 테츠는 다시 눈을 뜨지 않았다.

"하늘에 계신 우리 아버지! 당신께서 짝지어 주신 테츠를 제발 이대로 데려가지 말아주세요."

만지로의 간절하고 절실한 기도도 테츠의 생명을 다시 되돌릴 수 없었다.

의사와 테츠의 친정 가족과 아이들, 친척들, 그리고 에가와(江川) 집안 사람들이 모였지만 홍역이 전염될지 몰라 모두 빨리 돌아갔다.

빨간 발진이 번진 테츠의 얼굴을 흰 천으로 덮어놓았지만 만지로는 그것을 벗겼다.

'테츠는 반드시 되살아날 거야.'

하지만 이는 헛된 꿈일 뿐이었다.

밤이 깊었다. 테츠와 단둘이 된 만지로는 정신을 차리고, 사랑스러운 아내의 머리·이마·양 볼에 가만히 손을 얹었다. 그러자 참을 수 없는 슬픔이 다시 밀려왔다. 아직 온기가 남아있는 침구에 만지로는 몸을 엎드려 오열하기 시작했다. 잠시 후 몸을 일으켜 자세를 바로잡고 앉았다.

'그렇다. 슬퍼해서는 안 된다. 아내는 하느님의 나라로 간 것이다.'

"하늘에 계신 우리 아버지! 아내 테츠의 영혼을 당신께 맡깁니다. 당신의 위대한 사랑으로 그녀를 받아주소서."

그래도 만지로의 눈물은 멈추지 않았다.

테츠는 1남(도이치로) 2녀(스즈와 교)를 남기고 스물다섯살의 젊은 나이로 이 세상을 떠났다. 1862년 8월 16일(음력 7월 21일)이었다.

당시 유행한 홍역은 많은 사람들의 목숨을 앗아갔다.

역자주: 당시 홍역은 예방접종을 할 수 없어 많은 사람이 죽었다. 그뿐만 아니라 1858년 8월 나가사키에서 콜레라가 발생했는데, 그것은 나가사키에 기항한 미국기함 미시시피호의 선원이 중국에서 병에 걸려 퍼트린 것이었다. 그 후 규슈에서 동쪽으로 번지기 시작해 에도를 거쳐 홋카이도까지 전국적인 규모로 확산되었다. 특히, 교토, 오사카, 에도에 병세가 심각했다. 에도에서만 3,4만 명의 사상자가 발생했다. 콜레라는 외래 전염병으로 일본에서는 1822년 나가사키에서 발생하여 일본 전역을 중심으로 만연한 이래 두 번째 발병이었다. 이 병에 걸리면 심한 설사와 구토 증세를 보이다가 죽는 경우가 많았다. 어패류가 원인이라는 소문이 돌아 생선가계에 심각한 타격을 주기도 했다.

33. 만지로의 목숨을 노리는 사람들

'나카하마 만지로는 나라의 가장 큰 적이다. 용서할 수 없다.'
'일본을 개국시킨 매국노! 살려둬서는 안 된다.'

소리 높여 욕을 하고 위협하는 양이파(攘夷派) 지사(志士)들, 특히 미토(水戶) 번의 낭인들이 만지로를 노리고 있었다.

"나카하마 만지로 있느냐?"

만지로 집에도 자객이 신을 신은 채 방안으로 들어왔다. 다행히 그때마다 만지로는 집에 없었다.

특히 1863년은 일본 전국에 마치 불이 번지듯이 큰 소란이 일어 났었다. 막부의 개국을 반대해 외국인을 쫓아내고자 하는 운동이 격심해지고 있었다. 만지로는 양이파(외국을 배척하는 무리)가 목숨을 노리는 주요인물 중 한 사람이었다.

역자주: 1863년 4월 30일 교토에서 세리자와 카모(芹澤鴨), 곤도 이사미(近藤勇) 등이 쇼군의 신변보호를 목적으로 신센구미(新選組)를 조직하여 반막부 세력과 싸웠다. 6월 25일 조슈(長州)번의 양이파들이 시모노세키(下關)를 지나가던 미국 배를 포격했다. 이어 프랑스함과 네덜란드함에도 포격을 가했다. 이에 대한 보복으로 7월 16일 미국 군함 와이오밍호가 조슈번의 포대를 공격하고, 20일에는 프랑스 군함이 조슈를 공격했다. 또한 8월 15일 '나마무기사건' 교섭문제로 사츠마번에 내항한 영국 함대 7척에 사츠마번이 포격하는 사건이 발생했다. 이어 1864년 9월 5일 시모노세키 포격 보복조치로 영국·프랑스·네덜란드·미국 연합함대 17척이 조슈의 포대를 공격해 대파시켰다. 당시 영국 유학 중이던 이토 히로부미와 이노우에 가오루가 귀국해 강화책을 강구했지만 실패로 돌아갔다. 이 사건을 계기로 조슈번의 양이파 세력이 힘을 잃게 되고, 다카스기 신사쿠(高杉晋作)를 중심으로 한 막부 토벌파가 성장하게 된다.

당시는 서로의 의견 차이를 대화로 풀려 하지 않고 서로 죽임으로써 결말을 지으려는 자들이 많았다. 그 결과 유능한 많은 젊은이들의 아까운 목숨만 잃고 말았다. 양이파는 개국론자와 서양학자들을 노리고 있었다.

막부는 오카다 이죠(岡田以蔵)를 만지로의 경호원으로 붙여주었다. 오카다는 만지로와 같은 도사(土佐)번 출신으로 하급 무사였지만 검술에 있어서는 당대 최고의 달인중 한 사람이었다. 그는 지겐류(示現流)라는 검술을 구사하는 무사로 사람들은 이죠의 이름을 듣는 것만으로도 무서워했다. 이 검술은 1561년 사츠마번 출신 도고시게 타다가 창시했다. 이죠는 처음에 가츠 린타로(勝麟太郎)의 호위를 담당했었지만 가츠가 이죠에게 만지로의 호위를 부탁한 것이었다.

"나의 검에 대적할 자는 없다. 그리고 난 호위해 주는 사람도 있네. 오히려 도사 출신 만지로가 걱정이네. 자네가 만지로를 경호해주게."

어느 날 만지로가 오카다와 함께 야나카(谷中)에게 부탁한 자신의 무덤을 보러갔을 때의 일이었다. 갑자기 무덤 뒤에 숨어 있던 복면을 한 네 명의 자객이 칼을 뽑고 덤볐다.

"나라의 적 나카하마 만지로! 각오해라."

오카다도 빠르게 칼을 뽑아 하단 자세를 취하며 소리쳤다.

"만지로 선생님! 등을 뒤로 하고 무덤을 보고 계세요."

무덤은 미국식으로 평평하고 넓적한 것이었다. 윗부분은 원형으로 높이가 2미터나 되었다. 제법 큰 크기였다.

"오카다! 무덤 뒤 중앙에 두 명이 움직이지 않고 숨어 있어."

말이 채 끝나기도 전에 칼에 맞은 자의 피가 튀었다. 쓰러진 두 사람의 자객이 굴러 넘어지며 피가 비석에 튀었다. 그곳에 두 사람이 쓰러져 있었다.

"선생님! 아직 움직이시면 안 됩니다."

무덤 뒤에 숨어있던 두 명의 자객은 허겁지겁 달아났.

'살인귀'라 불리는 지겐류 검술의 달인 이죠(以蔵)가 만지로의 목숨을 구한 것이다.

만지로도 물론 신변의 위험을 알아차리고 있었기 때문에 6연발 권총을 항상 품에 소지하고 다녔다. 이 일이 있은 후 만지로는 지팡이에 칼을 꽂아 휴대하고 다녔다.

이 사건 후 호위를 담당하는 무사도 발도술의 달인이라 불리는 단노 겐노신(団野源之進)으로 바뀌었다.

어느 날, 캄캄한 밤에 집으로 돌아갈 때 만지로는 오나기(小名木)강 근처를 단노와 이야기하며 걷고 있었다. 밤 낚시꾼의 등불이 수면 위에서 흔들리고 있었다.

이상한 분위기를 감지한 단노가 만지로 오른쪽으로 살짝 몸을 옮기는 순간, 사람 그림자가 단노를 스치듯 지나갔다. 그 순간 반딧불이 날아올랐다.

"이 시기에 반딧불이라니. 참 이상하다."

이 말이 끝나기도 전에 사람이 '퍽'하고 쓰러지는 소리가 들렸다.

반딧불이라 생각한 것은 사실 칼 빛이었다.

단노가 만지로를 강가로 밀면서 말했다.

"다시 습격해 올지 모릅니다. 그때는 강으로 뛰어 들어가 등불이 보이는 배까지 헤엄쳐 가십시오. 선생님은 헤엄을 잘 치시지 않습니까?"

단노 겐노신의 도움으로 그 날 밤은 큰일 없이 무사히 집으로 돌아올 수 있었다.

이처럼 막부 말기부터 메이지 유신 초기까지 만지로는 자객들의 표적이 되었다.

1864년이 되자 만지로가 생각지도 못한 일이 일어났다. 사츠마(薩摩)번에서 만지로를 초대한 것이다. 만지로는 막부의 신하였다. 사츠마번은 막부로부터 만지로를 3년간 파견근무하는 형식으로 초빙하게 되었다.

34. 가고시마 개성소 교수부임과 철제증기선 구입

"사츠마번(薩摩藩)에서는 6월부터 종합대학으로 가고시마에 개성소(開成所)를 설립하게 되었습니다. 나카하마 만지로 선생께서 3년간 증기선 운용술 등의 수업을 담당해 주시기를 청합니다."

사츠마번이라고 하면 일본 서남쪽 끝에 위치한 곳으로 만지로가 막 귀국했을 때, 영주 시마즈 나리아키라(島津齊彬)의 초대를 받아 해외사정에 대한 이야기를 했던 곳이었다.

이 이야기를 들은 만지로의 가족들과 주위 사람들과 제자들은 만지로가 가고시마에 가는 것을 강력하게 반대하고 나섰다.

"이렇게 위험한 시기에 그것도 서쪽으로 가신다니 정말 어리석은 행동입니다."

"선생님은 이미 여러 번 죽을 고비를 넘기지 않으셨습니까? 에도라면 신변을 경호해줄 사람도 있지만, 그곳은 아무도 없습니다. 이곳에 계셔야 합니다."

올해도 여러 번 사건이 일어나 많은 사상자가 발생했다. 1864년 7월 19일에는 교토에서 금문지변(禁門之變)이 일어나 교토의 많은 가구가 불타고 난민들이 대거 강변으로 쏟아져 나왔다. 막부는 양이파를 이용해 반막부 세력인 조슈(長州)를 정벌시키려고 전쟁을 일으켰던 것이다. 개국 세력과 반막부의 양이파가 서로 적이 되었다.

그런데 사츠마번도 재작년부터 격심한 태풍이 불기 시작한 것은 매한가지였다. 앞에서도 언급했지만, 1862년 8월 1일 사츠

제4부 결혼생활, 부인과 사별, 후진양성   *181*

마번의 다이묘 행렬이 도카이도(東海道)의 나마무기(生麥)라는 지역에 다다랐을 때의 일이었다. 영국인 4명이 말을 탄 채로 행렬 바로 앞을 가로질러 가는 일이 있었다. 사츠마번의 가신들이 '무뢰한'이라고 영국인을 살상한 사건이 있었는데, 이 문제가 외교문제로 발전하게 되었다. 막부는 영국에 배상금 10만 파운드를 내고 해결하려 했지만, 영국은 유족에 대한 보조금과 범인 처벌을 요구해왔다.

하지만 사츠마번이 이에 응하지 않자 다음 해 7월, 7척의 영국 군함이 사츠마번을 공격했다. 영국 군함의 무기 위력은 상상을 초월하는 것이었다.

영국의 암스트롱호의 포탄은 3천 미터를 날아가 정확히 명중했다. 이에 비해 사츠마번의 대포는 사정거리가 1천 미터 정도였다. 도저히 이길 수 없는 상대였다. 세계 최강을 자랑하는 영국 함대와 싸운 사츠마번은 결국 시내가 불타고 포대와 공장이 파괴되는 막대한 피해를 입었다. 사츠마번은 적이 너무 강해 상대가 되지 않는다는 것을 알게 되었다.

'일본이 너무 뒤떨어져 있다. 더 이상 양이를 고집해서는 안 될 일이다.'

이를 알게 된 사츠마번은 즉시 방향키를 평화로 돌리게 되었다.

영국 측도 기함의 정·부함장이 전사하고, 63명의 사상자가 나왔다. 영국도 싸워서 이득이 없다는 것을 알고 사츠마번의 화해를 받아들였다.

이 일이 있은 후 사츠마번은 서양에게 머리 숙여 적극적으로 기술을 배워 근대화를 추진하게 된 것이다. 서둘러 서양을 따라잡기 위해, 사츠마번은 먼저 학교를 세우는 일에 주력하게 되었다. 개성소(開成所)에 만지로를 부른 것도 이 때문이었다.

사츠마번은 영국과의 전쟁에서 심한 타격을 받은 후, 사츠마번 뿐만 아니라 다른 번에도 일본 개혁에 열정적으로 참여하게 되었다. 이를 알게 된 만지로는 가고시마에 가기로 결정하고, 데리고 있던 시종 요소지(与惣次)와 제자 다치바나 테이노신(立花鼎之進)만을 데리고 가고시마로 향했다.

만지로는 당시 일본에서 서양 학문과 기술을 가르칠 수 있는 유일한 일류 강사였다. 만지로는 개성소(開成所)에서 항해·측량·조선·영어를 가르쳤다. 또한 바다에 나가 해양실습도 지도했다.

영국과의 전쟁으로 불에 탄 공장 집성관(集成館)도 재건 중이었다. 이곳에서 만지로는 근대화를 추진하는 사츠마번의 새로운 분위기를 직접 눈으로 확인하게 되었다.

'지금 사츠마번은 일본을 변화시킬 힘을 축척하고 있다. 개성소 학생들의 의욕 또한 대단하다. 일본 내에서도 정말 뛰어나고 진보적이다.'

사츠마번은 산업을 일으키는 한편 외국과 교역을 시작했다.

만지로도 사츠마번을 더욱 신뢰하고 많은 기대를 가지게 되었다. 이에 이지치 소노죠(伊地知壯之丞)를 만나 자신의 뜻을 밝혔다.

"저는 외국에 있을 때 쇄국하는 일본을 바꿔야 한다고 생각하게 되었습니다. 지금 막부는 개국이 외국에 굽실굽실 머리를 숙이는 것이라 오해하고 있습니다. 막부가 이래서는 아무런 기대도 할 수 없습니다. 막부가 국민을 지키지 않는다면 그런 막부는 필요 없는 것입니다. 저는 사츠마번에 있으면서 일본의 나아갈 길을 보게 되었습니다."

그런데 막부 측에서는 일단 조슈번(長州藩)을 힘으로 항복시켰지만 따르지 않았기 때문에, 1865년 11월 '제2차 조슈정벌'을 강행했다. 하지만 대부분의 번(藩)들은 막부와 조슈번의 싸움에 거액의 군사비와 병사들의 희생을 내면서까지 협력하고 싶지 않아 가만히 지켜보고만 있었다.

그때 이지치(伊地知)가 만지로를 찾아와 부탁했다.
"나카하마 선생님! 저와 함께 나가사키에 가 주시지 않겠습니까? 사실 이번에 번(藩)에서 즉시 사용할 수 있는 외국선과 신식무기를 수입하기로 결정했습니다. 영어로 교섭해 배와 총을 제대로 구입하기 위해서는 선생님의 도움이 꼭 필요합니다."
그래서 다음 해 만지로는 이지치(伊地知)와 함께 나가사키로 갔다. 구입한 외국선은 철제 증기선 3척과 목제 범선 1척이었다.
"이 배로 우선 무역을 시작합시다. 유사시에 대포를 장착하면 군함이 될 것입니다."
만지로는 배와 총을 제대로 구입했다고 자신했다.
"이 소총은 지금 일본에 있는 것 중 최강입니다. 겨눈 표적을 정확히 맞출 수 있고, 탄알의 비거리(飛距離)도 굉장합니다."
소총의 성능을 시험해 본 이지치는 모든 것이 나카하마 선생 덕분이라고 기뻐했다.

그 후 소총 구입 수를 크게 늘렸다. 이때 구입한 소총이 2년 뒤 보신전쟁(戊辰戰爭)에서 승리하는 결정적인 요인이 되었다.

다음 해 시작된 제2차 조슈(長州)전쟁에 사츠마번은 막부의 명령을 거부하고 출병하지 않았다.

1866년 정월 만지로는 사츠마번의 허락을 받아 고향 나카노하마에 돌아갔다. 에도에서 같이 간 제자 다치바나 테이노신(立花鼎之進)은 만지로가 개성소(開成所)를 비운 사이에 자기를 대신하여 영어를 가르치게 했다.

바느질 일을 하시는 어머니는 74살이 되셨다. 39살의 아들을 본 어머니는 하던 일을 멈추고 눈물을 흘리며 기뻐하셨다.

"만지로! 이제 더 이상 만날 수 없을 거라 생각했었다. 잘 왔다. 아들아."

"어머니께서 건강하신 걸 보니 저도 기쁩니다. 일 핑계로 어머니를 자주 뵈러 오지 못해서 죄송합니다."

어머니는 만지로가 좋아하던 쪄서 말린 멸치를 내 놓았다.

만지로는 친구 이케 미치노스케(池道之助) 집에 머물렀지만 만지로가 돌아왔다는 소문을 듣고 많은 방문객들이 찾아와 제대로 쉴 수 없었다. 그래도 어머니와 많은 시간을 보내고 바다낚시도 즐기면서 고향에서 휴양을 취할 수 있었다. 만지로는 고향에 머무르는 동안 어머니를 위해 작은 기와집을 신축해 3월 24일까지 어머니와 함께 지냈다.

도사(土佐)의 전 번주 야마우치 요도(山內容堂)는 만지로의 귀향 소식을 전해 듣고 만지로를 고치(高知)로 불러 들였다.

35. 도사번의 개성관 교수부임과 무역선 구입

  1866년 고치(高知)에도 근대화를 지향하는 학교 개성관(開成關)을 이제 막 개교한 상태였다.
  도사번의 중신(重臣) 고토 쇼지로(後藤象二郞)는 만지로를 극진하게 대접했다.
  "나카하마 선생님! 우린 개성관을 새로운 시대에 어울리는 학교로 만들고 싶습니다. 우리에게 지혜를 빌려주시지 않으시겠습니까?"
  고토는 만지로에게 영어·측량·항해술·포경술 등의 강의를 부탁했다.
  도사번은 사츠마번에서 만지로를 잠시 동안 초빙한 상태였기 때문에, 빨리 돌려보내줘야 할 정도로 그는 인기가 대단했다. 당시 시대의 흐름을 파악한 번들은 서양의 새로운 지식과 기술을 절실히 바라고 있었다.
  번의 중신 고토는 아직 28살의 젊은 나이였지만, 영주의 깊은 신뢰를 받고 있는 인물로 번을 움직이고 있는 실력자였다. 고토는 만지로가 귀국해 고치에 돌아왔을 때 만지로에게 세계지리에 대한 이야기를 열심히 들은 적이 있었다. 고토 쇼지로는 당시 15살이었다.
  역자주: 고로 쇼지로(後藤象二郞, 1838~1897)는 막부말기의 도사번 고치성 출신 무사이다. 1863년 가이세이쇼(開成所, 지금의 도쿄대학의 전신)에서 영어와 항해술을 배우고 전 영주 야마우치 요도(山內容堂, 1848년 15대 도사번주)의 신뢰를 얻어 성장하였다. 1867년 사카모토 료마(坂本竜馬)가 제출한 건백서(建白書, 상소문)가 고토 쇼지로의 서명으로 주군 야마우치 요도에게

올려지고, 10월 13일 야마우치 요도가 다시 서명을 넣어 막부에 제출하여 10월 14일 쇼군 도쿠가와 요시노부(德川慶喜)가 수용하므로 대정봉환이 이루어졌다. 그는 관군으로 보신전쟁에 참가하여 전쟁이 끝난 후 메이지정부 1차 마쓰가타 마사요지 내각 때 체신대신, 제2차 이토내각 때 농상무 대신이 되었다.

만지로는 3개월 정도 고치의 개성관(開成關)에서 근무하고 7월 7일 고치를 떠나게 되었다. 하지만 도사번의 외국선을 구입하기 위해 고토를 동반해 먼저 나가사키로 간 다음 가고시마로 가기로 했다. 만지로는 요소지(与惣次)와 고향 나카노하마에서 따라온 친구 이케 미치노스케(池道之助)와 동행했다. 고토는 수행원들을 데리고 떠났다.

돌아가는 길에 여러 곳에 숙박했지만 막부에 대한 사람들의 평판은 좋지 않았다.

만지로는 고토라면 신뢰할 수 있다고 생각했다. 나가사키로 여행하는 동안 만지로는 마음 속 생각을 고토와 나눌 수 있었다. 생각한 대로 고토는 일본의 현재 상황을 제대로 파악하고 있었다.

"일본 상인이 외국상사에 속아 대금을 받지 못했다는 이야기를 들었습니다. 그러해도 일본에는 재판권이 없어서 단념할 수밖에 없었다고 합니다."

"그렇습니다. 지금 우리나라는 외국의 반식민지나 다름없습니다."

이렇게 말한 만지로는 얼마 전에 있었던 호텐사건(Horten Affairs)이 떠올랐다. 아내를 잃은 만지로는 그해 말 고래잡이를 떠났었다. 호텐사건은 만지로가 오가사와라제도 주위에서 한 달

동안 향유고래 두 마리를 잡고 치치(父)섬에 돌아왔을 때 발생했다.

1863년 4월 실탄이 든 권총을 가진 외국 선원 2명이 만지로의 포경선에 잠입하여 비품을 훔치려다 미수로 끝난 사건이 있었다. 만지로는 미국인 선원 호텐(Horten)과 공범자를 잡아 요코하마에 있는 미국영사관에 증거와 함께 끌고 갔었다. 하지만 미국 측이 반발하자 막부는 사실을 왜곡했다.
　막부도 부당성을 잘 알고 있었지만 미국 측의 반발에 기가 꺾여 만지로가 쓸데없이 체포했다는 이유를 붙여 오히려 범인에게 배상금을 지불하라고 명령한 것이다. 만지로는 그때의 화가 여태까지 풀리지 않은 상태였다. 이 사건이 있은 후 국민을 보호하려 하지 않는 막부가 망하는 것이 마땅하다고 생각하고 있었다.
　"이런 시기에 국내에서 그것도 일본인들끼리 전쟁을 해서야 되겠습니까? 막부를 없애고 만민이 평등하고 모든 사람이 소중하게 여겨지는 일본을 만들고 싶습니다. 국민의 뜻이 정치를 움직이는 세상을 만들고 싶습니다. 이를 위해서는 선거에서 뽑힌 사람들이 회의를 통해 나라의 진로를 결정해야 한다고 생각합니다."
　만지로의 의견을 들은 고토는 고개를 크게 끄떡였다.
　"나카하마 선생님이 말씀하신 대로 이상(理想)을 가지고 세상을 바꾸는 일에 저도 꼭 참여하고 싶습니다."
　1866년 7월 25일 나가사키에 도착했을 때 막부군이 조슈군과의 전쟁에서 계속 패전하고 있다는 이야기를 듣게 되었다.

"고토 씨! 일본이 크게 변하고 있습니다. 도사번도 앞으로 자력(自力)을 키워야 할 때입니다. 자! 그럼 도사를 강하게 만들 배를 찾아봅시다."

나가사키에서 판매하는 배를 둘러보았다. 나가사키에서 고토는 사카모토 료마(坂本龍馬, 1835~1867)를 만났다. 원래 도사번의 사무라이였던 사카모토 료마는 가츠 린타로의 제자로 항해술을 배워 사츠마번의 원조를 받아 가메야먀샤츄(龜山社中)라는 해상운송상사를 설립해 운영하고 있었다. 이 상사는 일반 물품뿐만 아니라 병기를 수입하는 중개 역할까지 맡고 있었다.

상사와 무역에 대한 구상은 평소 만지로가 주장해오던 것이었다. 사카모토 료마도 젊었을 때 고치에서 만지로의 이야기를 들은 적이 있었다. 또한 사카모토 료마를 가르친 가와다 쇼료(河田小龍)는 만지로의 해외지식에 큰 영향을 받은 인물이었다.

사카모토 료마가 서로 대립하고 있던 사츠마번과 조슈번으로 가서 두 번(藩)이 동맹(사쵸 동맹)을 맺어 막부를 토벌한다면 일본을 바꿀 수 있다는 의사를 밝힌 것도 같은 해였다.

역자주: 사카모토 료마(坂本竜馬, 1836~1867)는 도사번(土佐藩)의 죠닌고우시(町人鄕士: 상인이면서 무사) 집안에서 태어났다. 사카모토 료마는 일찍부터 검술을 익혔다. 1861년 도사근왕당(土佐勤王堂)에 가담한 후 막부개화파인 가츠 가이슈(勝海舟)를 죽이러 갔다가 그의 세계문명관을 듣고 감복하여 제자가 되었다. 가이엔타이(海援隊)를 결성했으며, 1867년 12월 초에 사쵸동맹을 성사시켜 교토를 장악하고, 1868년 1월 사쵸 두 번의 촉구로 메이지 천왕이 왕정복고를 공식선포하게 하였다. 그것은 1867년 사카모토 료마가 작성한 선중팔책(船中八策: 신정부강령팔책)이 번주 야마우치 도요시게를 통해서 쇼군인 도쿠가와 요시노부에 제출되어 대정봉환을 실현시켰다. 그러나 1867년 12월 10일 료마와 나카오카 신타로와 함께 교토의 가와라마치(河

原町) 오우미야(近江屋) 2층에서 대화도중 막부가 보낸 괴한의 습격을 받고 31세로 암살되었다.

그런데 배를 구매하기 위해 만지로와 고토가 나가사키까지 왔지만 쓸 만한 배를 찾지 못했다.

"고토 씨! 우리 상해(上海)로 가 봅시다. 상해라면 좋은 배가 얼마든지 있을 겁니다."

이런 상담을 하고 있을 때 놀랄만한 소식이 들려왔다.

"8월 1일 조슈군(長州軍)의 공격을 받아 고쿠라(小倉)성이 함락당했다. 막부군이 고쿠라성에 불을 지르고 달아났다."

이 소식을 전해들은 고토와 만지로는 귀를 의심했다.

"정말 믿을 수 없네요. 고쿠라성은 조슈군을 공략할 막부군의 거점이지 않습니까? 나카하마 선생님! 고쿠라가 이렇게 빨리 함락되다니…, 막부군도 이젠 끝난 거 아닙니까?"

"그런 것 같군요. 앞으로 더 이상 막부에 의지할 수 없겠군요."

이런 국내 사정에도 불구하고 8월 25일 만지로는 고토와 함께 미국 배를 타고 상해로 가 주문계약을 맺었다. 철제 증기선 3척과 목조 범선 2척을 구입했다.

그후 만지로는 10월에 다시 상해로 가 상해조선소에서 증기선 난카이마루(南海丸)의 건조를 감독했다. 또한 난카이마루를 직접 타고 바다로 나가 시승하기도 했다.

상해에서 주문한 5척의 배는 나가사키에서 인수받았다. 만지로에게 맡겨진 임무가 끝나자, 만지로는 오랫동안 집을 비운 것이 걱정돼 일단 에도로 돌아갔다.

1867년 정월부터 약 2개월 정도 가족들과 지내고 다시 가고시마로 돌아가 4월부터 개성소(開成所) 수업을 시작했다. 구입한 외국선을 사용해 항해실습을 떠나기도 했다.

　그 해 4월 사카모토 료마(坂本龍馬)는 고토의 제안을 받아들여 가메야먀샤츄(龜山社中)를 도사번의 가이엔타이(海援隊)로 이름을 바꾸었다. 도사번이 구입한 배를 이용해 무역과 해상운송을 해 도사번의 재정수입을 늘리고, 여차하면 배에 대포를 장착해 해군함으로 활용할 계획이었다.

　사카모토 료마도 도사번의 재정을 활용해 일본을 바꾸고 싶어했다. 가이엔타이(海援隊: 무역결사대)의 대장으로 임명된 사카모토 료마는 의욕에 넘쳤다.

　역자주: 1865년 5월 가츠 가이슈(勝海丹)가 실각하므로 막부 기관인 고베(神戶)의 해군훈련소인 해군학원이 해산된 후, 사츠마번의 원조로 사카모토 료마에 의해 나카사키의 가메야마에 세워진 무역회사가 가메야마샤츄이다. 1865년 6월 29일 사카모토 료마가 나가오카 신타로와 함께 교토의 사츠마번 저택에서 사이고 다카모리를 만나 조슈번의 군함과 무기를 구입하는데 사츠마번이 명의를 빌려줄 것을 요청하므로 사이고 다카모리가 승낙하였다. 조슈번의 이토 슌스케(이토히로부미의 막부 때까지 이름)가 나카사키에서 8월 중순 영국상인에게 총기를 구입하고, 군함을 매입하여 사츠마번이 운영하였다. 그러나 운영미숙의 적자행진으로 근대적 주식회사 가이엔타이(海援隊)를 결성하고, 이를 도사번의 하부조직으로 삼아 운영하였다. 운수업·무기거래·이익축적을 도모하고 학문지원을 추구했다. 이들의 친화에 사카모토 료마(坂本竜馬)의 중재로 사이고 다카모리와 조슈의 기도 다카요시(木戶孝充)가 합의하여 샤초동맹을 맺은 것이다.

　만지로가 가고시마에서 교육을 담당하고 있는 동안 일본 국내는 외국무역과 전쟁으로 인해 물가가 크게 상승해 민중들이 살기 힘든 사회가 되었다. 결국 화가 난 백성들이 일으킨 폭동과 난이 걷잡을 수 없이 번져나갔다. 이는 막부의 잘못된 정치에 대한 민중 분노의 표출이었다.

'난 사츠마번과 도사번을 위해 배를 구입했다. 내가 가르친 개성소의 학생들과 도사번의 가이엔타이가 구입한 배를 운용하고 힘을 합쳐 새로운 세상을 만들 수 있을 거다.'

만지로는 11월 11일 사츠마번의 임기를 마치고 에도로 돌아가게 되었다.

이별할 때 이지치(伊地知)가 살짝 비밀을 털어놓았다.

"세상이 크게 변했습니다. 쇼군 도쿠가와 요시노부(德川慶喜)가 도사번의 야마우치 요도 공의 권고를 받아들여 조정에 대정봉환(大政奉還)을 했습니다. 전 설마설마 생각했는데 쇼군이 과감히 결정한 것 같습니다."

역자주: 대정봉환(大政奉還)이란 1867년 11월 9일, 265년 동안 계속된 도쿠가와 막부가 천황을 중심으로 하는 조정에 정치적 실권을 넘긴 사건을 말한다. 고토 쇼지로(後藤象二郎)는 사카모토 료마와 나가사키에서 효고로 가는 배에서 도사번의 야마우치 요도(山內容堂)에게 제출할 의견서와 장래 일본에 대해서 구상했다. 이를 '선중팔책(船中八策)'이라 불린다. 야마우치는 고토와 사카모토의 팔책(八策)에 만족해 이를 기초로 쇼군에게 건백서(建白書)를 제출했다. 팔책 중 첫 번째 제안은 '쇼군이 내정을 조정에 봉환하는 것'이었다. 두 번째 제안은 '의회를 두 개의 원으로 나누어 대신(公卿), 관료(陪臣藩士), 서민(庶民) 등이 모두 참석해 올바르고 순량한 선비(士)를 선거로 뽑는 것'이었다. 이는 만지로가 평소 제안해 온 것으로 선거를 통한 의회제도 도입이었다. 만지로는 모든 신분을 없애고 모든 국민이 참가하는 선거를 꿈꾸었지만, 사무라이들이 추진한 개혁은 사무라이보다 신분이 낮은 하층민을 같은 국민으로 고려하지 않은 것이었다. 최초의 선거는 1889년 실시

되었다. 하지만 선거권 자격은 나라에 세금 15엔 이상을 내는 25세 이상의 남자에게만 주어졌다. 당시 유권자는 국민의 1.1%에 불과했다.

   막부가 사라졌다니 만지로는 이지치의 말을 듣고 입에서 말이 나오지 않았다.
   "조정이 사츠마번, 조슈번, 아키(安芸)번에 막부를 치라고 밀칙을 보냈습니다. 하지만 막부가 없어지면 전쟁이 일어날지 모릅니다."
   만지로는 귀를 의심했다. 그리고 혼자 속삭였다.
   "싸우지 않고 세상을 바꿀 수는 없을까?"
   "사이고 타카모리(西鄕隆盛)님과 오쿠보 도시미치(大久保利通)님은 조정에 실권을 넘기더라도 천황 세력이 정치를 해서는 안 되고 도쿠카와 가문이 계속 맡아야 한다고 생각하고 있습니다."
   '쇼군직을 포기했다고는 하지만 도쿠카와 가문은 아직 400만 석의 영토와 최강의 육해군을 가지고 다이묘들의 우두머리로 군림하고 있다. 어쩌면 대정봉환은 도쿠카와 가문이 살아남을 유일한 길이었을지 모를 일이다.'
   만지로는 머릿속에서 여러 생각이 떠나지 않아 피곤했다. 나가사키에서 고향 친구 이케 미치노스케(池道之助)와 헤어졌다.
   "난 키워준 어머니를 내버려 두고 하고 싶은 일만 해온 천하의 불효자식이다. 어머니가 노후에 고생하지 않게 이걸 좀 전해 주게."
   만지로는 친구에게 금 10냥을 맡겼다. 금 10냥은 어부가 10년 정도 열심히 일해도 손에 넣을 수 없는 대금이었다.

36. 불타오르는 사츠마번 저택

만지로가 에도(江戶)에 도착한 것은 1867년이 저물어 갈 무렵이었다. 그 무렵 에도에는 무서운 강도사건이 끊이지 않았다. 에도 사람들은 모이기만 하면 강도사건 이야기뿐이었다.

"정말 무서운 세상이야. 화재와 강도들 때문에 정말 무서워서 잠을 잘 수 없다니까."

"글쎄, 이번에 하리마야 신에몽(播磨屋 新右衛門) 집에 도둑이 들었대. 만오천냥을 도둑맞았다네. 그렇게 큰 돈을 집에 두다니. 우린 꿈에도 볼 수 없는 대금이야."

"어디 그것뿐인 줄 알아. 구라마에(倉前)에 있는 이세야(伊勢屋)는 삼만냥을 도둑맞았대. 정말 기는 놈 위에 나는 놈이 있다니까."

지나가는 길에 이야기를 들은 만지로가 가던 길을 멈추고 사람들에게 물었다.

"그럼, 범인이 누구랍니까?"

"그게 말입니다. 알아도 어쩔 도리가 없어요. 그 놈의 낭인들이 미타(三田)에 있는 사츠마번 저택에 소굴을 만들고 그곳에서 그 짓을 하니…, 벌써 여러 명의 증인이 있으니 틀림없는 사실일 겁니다."

"사츠마번 저택은 막부의 겁쟁이 관료들이 무서워서 들어가지도 못한다니까요."

"오늘 아침도 이른 아침부터 성의 니노마루(二の丸)에 불이 났어요. 이게 다 그 사츠마번 놈들 짓이라니까요."

만지로는 꽝하고 머리를 한 대 얻어맞은 것 같은 기분이었다.
'범인이 낭인이라고는 하지만 사츠마번이 배후에 있다는 말이 아닌가? 사츠마번이 그런 일을 할 리가 없다. 나는 지난 달까지 사츠마번을 위해 일해 오지 않았던가? 사츠마번 사람들의 기질을 보면 절대로 그럴 사람들이 아니다.'

하지만 마을 사람들이 하는 말도 거짓말 같지 않았다.

에도성, 니노마루의 화재는 만지로가 에도로 돌아오기 전에 일어난 사건이었다. 아직 그 증거를 찾지 못하고 있었다. 그런데 같은 날(12월 23일) 밤 시내에서 치안을 맡고 있던 쇼나이(庄內)번의 경찰서가 총격을 받아 쇼나이번과 막부군이 반격을 가하는 일이 일어났다. 범인은 사츠마번 저택으로 달아났다.

이 일이 있은 후 만지로가 집으로 돌아온 1867년 12월 25일은 아침부터 막부군이 출동해 사츠마번의 미타(三田) 저택을 포위하고 범인을 넘기라고 요구하는 사태가 일어났다.

시바신센자(芝新錢座)에 있는 에가와(江川) 저택은 현장에서 가까웠다. 막부군 군대가 서릿길을 밟으면서 진군하여, 뿌연 입김을 내품으면서 총포연습장에서 공격대기를 하고 있었다.

만지로의 집은 별동(別棟:별채)이었지만 에가와 저택 담장 안에 있었기 때문에 소동이 들려왔다. 에가와 집안 사람들과 동네 여자, 아이들까지 합세해 주먹밥을 만드느라 정신이 없었다.

사츠마번 저택에서는 승강이가 계속되었다.

"범인을 이쪽으로 넘겨라. 여기로 도망가는 것을 봤다."

"이곳에는 저격범이 없으니 돌아가시오."

담판이 결렬되자 무시무시한 싸움이 시작되었다. 점심 무렵부터 마을 소방대원이 삼엄하게 경계하고 있었다. 불길이 솟아오른 것은 저녁 무렵이었다.

여러 망루에서 화재를 알리는 종소리가 들려왔다.

목재가 불에 타 튀는 소리가 들렸다. 서풍이 불어와 연기와 불똥이 함께 날아왔다.

만지로도 갑옷과 투구는 걸치지 않았지만 어깨띠와 머리띠를 하고, 하카마 옷자락을 걷어 올리고 허리에 칼을 찼다.

태어나서 처음 해 보는 출동태세였다. 만지로에게 특별한 명령이 떨어진 것은 아니었지만, 그도 막부의 녹을 먹는 사람이었다. 하지만 상대가 사츠마번이라는 것이 마음에 걸렸다. 도저히 적이라 생각되지 않았다. 마음이 너무 복잡했다.

대포훈련소가 있는 에가와 저택에는 화약과 용토수(龍吐水)라는 큰 상자에 바퀴가 달린 소방펌프가 있었다. 만지로는 재빨리 창고에서 그것을 꺼내 통 안에 물을 가득 채워 놓았다.

어두워지자 불똥이 튀어 올라 마치 불꽃놀이를 보는 것 같았다. 사츠마번 저택의 토지가 넓어서 바로 옆으로 불이 옮겨 붙는 일은 없을 터이지만 날아오는 불똥이 걱정이었다.

만지로도 소방담당과 함께 불끄는 총채를 들고 지붕 위로 올라갔다.

사츠마번 저택에서 조금 떨어져 있었지만 가끔 큰 불똥이 바람을 타고 날아오기도 했다. 방심할 수 없는 상황이었다. 지붕 아래에는 저택 사람들과 도와주러 온 사람들이 물통과 대야에 물을 가득 채워 놓고 총채를 들고 불똥 끌 준비를 하고 있었다.

화재는 밤 사이에 수습되었지만, 이런 정보가 들려왔다.

"사츠마 놈들이 배를 타고 달아났다고 하네요. 글쎄 바다에 증기선을 대기해 두었답니다. 막부군들이 뒤쫓아 갔지만 잡을 수 없었다고 하네요. 정말 멍청이 같은 이야기 아닙니까?"

에가와 저택은 해변에 위치해 있었다. 경계를 서고 있던 자들이 물어온 이야기였다.

사츠마번 저택에서 낭인들을 지휘하고 있던 마스미츠 규노스케(益滿休之助)가 체포되었다. 같은 편이 도망갈 수 있도록 시간을 벌기 위해 일부러 잡힌 것이었다.

만지로는 모르고 있었지만 사츠마번 에도저택을 불태운다는 연락을 받은 사츠마군(軍) 지도자 사이고 기치노스케(西鄕吉之助, 사이고 다카모리 별칭으로 왕정복고의 공로로 위계를 수여받을 때 이름)는 얼굴을 일그러뜨리며 고개를 끄덕였다.

역자주: 사이고 다카모리(西鄕隆盛, 1828~1877)는 사츠마번(薩摩藩) 가고시마현(鹿兒島縣)에 하급무사 집안에서 출생하여 사츠마번주 시마즈 나리아키라(島津齊彬)에 발탁된 총명한 인물이다. 사카모토 료마의 소개로 조슈번(長州藩)의 이와쿠라 도모미(岩倉興視)와 함께 사초동맹을 맺고 에도막부를 종식시켜 1868년 1월 메이지(明治) 신정부를 탄생시킨 주역이 되었다. 그런 후 처음에는 정치에 뜻을 접고 조용히 지내려고 했는데 계속되는 강권으로 1871년 6월에 참의직에 임명되고, 7월에 폐번치현에 협력했다. 1872년 10월 이와쿠라 토모미 사절단 50명이 1872년 10월에 출발하자 참의직 겸 육군대장 도독직을 맡았다. 그리고 조선에 국서를 보냈으나, 대원군이 쇄국정책을 펴 왜양일체(倭洋一體)라 하여 3번이나 거절한 사건과 폐도령 등으로 사무라이들의 불평을 잠재우려고 천황으로부터 정한론(征韓論)을 재가받았다 그러나 1874년 2년만에 돌아온 이와쿠라 토모미 사절단이 내치의 중요성을 천황에 상주하여 정한론을 부결시키므로 사이고는 체면을 손상당해 공직을 사임하고 가고시마로 돌아와 군사학교를 세우니 1876년에 2만명에 육박하였다. 이들 세력이 너무 커서 오쿠보 도시미치(大久保利通)가 소탕하려고 가고시마 보유 병기와 탄약을 오사카로 옮기려 하자, 이들이 먼저 알고 무기고와

해군공창을 허물고 무장하므로 사이고 다카모리는 어쩔 수 없이 1877년 1월 29일 반란의 지도자가 되어 시위 정도로 끝내려 했으나 구마모토성(熊本城)에서 정부군과 대치하다가 수세에 몰려 가고시마 진지로 돌아왔는데, 1877년 9월 24일 정부군의 공격에 치명상을 입고 나이 50세로 자결했다. 이것이 세이난 전쟁(西南戰爭)이다. 이후 후쿠자와 유기치는 사이고 다카모리의 저항정신을 칭송하였고, 우치무라 간조(內村鑑三)도 그의 저서 『일본인』에서 사이고 다카모리를 일본 최고의 사무라이라고 칭송했다.

"마스미츠(益滿)가 계획을 성공시켰구나."
에도에서 일어난 일련의 사건은 모두 사이고 기치노스케가 꾸민 일이었다.

사츠마번은 막부가 사츠마번 저택에 불을 질러 전쟁을 먼저 걸어오기를 기다리고 있었던 것이다.

대정봉환(大正奉還)이 있은 후 사츠마번과 조슈번은 막부에 강한 불만을 품고 있던 자들과 손을 잡고 도쿠카와 쇼군을 빼고 신정부를 세웠다. 그리고 도쿠카와 쇼군의 모든 영지를 조정에 바치라고 강요했다.

그런데 많은 다이묘들은 사츠마번과 초슈번이 막부를 배신하고 함부로 신정부를 세운 것을 괘씸하게 생각하고 이에 반발했다. 그 결과 사츠마번과 초슈번은 고립되고 말았다. 이러한 긴장 관계를 중재해 전쟁이 일어나지 않게 한 인물들이 있었다. 도사번의 야마우치 요도(山內容堂)와 후쿠이(福井)번의 영주 마츠다이라 요시나가(松平慶永)가 그들이었다. 이들은 전쟁이 일어나지 않도록 도쿠카와를 설득시키는데 성공했다.

하지만 구막부군들은 사츠마번을 도둑놈들이라고 괘씸하게

여기고 그들의 행동을 도발이라 생각하여 봉기(蜂起)를 들었다.

먼저 1868년 1월 2일 오사카만에서 구막부군 군함이 사츠마번의 군함을 공격하는 사건이 발생했다. 이어 3일에는 도바(鳥羽), 후시미(伏見)에서 싸움이 일어나 보신전쟁(戊辰戰爭)이 발발했다. 구막부군 군사는 일만오천명으로 사츠마번·초슈번 연합군 오천명에 비해 3배나 많았다. 하지만 구막부군은 사츠마번·조슈번 연합군에게 패하고 말았다.

사츠마번·조슈번 연합군은 조정(천황군)을 등에 업고 관군이 되었다. 2월에는 도사번도 관군에 가세해 막부를 쓰러뜨리자는 깃발을 내걸고 5만의 대군이 에도로 진격했다. 천하를 판가름하는 대결전이 일어날 판이었다.

하지만 싸울 마음이 없는 쇼군 도쿠카와 요시노부(德川慶喜)는 가츠 린타로(勝麟太郞)에게 평화롭게 해결하도록 부탁했다.

어느 날 친분이 두터운 가츠 린타로는 만지로를 불렀다.
"관군과 평화롭게 해결하는 것은 어려운 일이겠지만 난 할 생각이네. 하지만 상대가 어떻게 생각할지 모르니 걱정이야. 만일 담판이 성사되지 않는다면 그때는…"
가츠는 자신과 여유가 있어 보였다.
"그때는 말이야. 관군을 에도시내 한가운데로 유인해 사방팔방에서 일제히 화공을 가할 생각이네. 모두 태워죽이고 말거야. 소방담당인 신몬 다츠고로(新門 辰五郞)와 의논해 모든 준비를 마쳐둔 상태라네. 하지만 에도 사람들을 무사히 빠져나가게 할 방법이 문제야."

가츠는 에도 부근의 어부들에게 부탁해 배로 시민들을 피난시키려고 생각하고 있었다.

"만지로 넌 어부들의 아버지와 같은 존재잖아? 나를 도와 어부들에게 부탁해 주지 않겠나? 부탁이네."

도대체 배를 어느 정도 모을 수 있을지 걱정이었다. 에도 시내에 불이 붙기 직전에 피난민을 해안에 모아 배로 유도하는 것은 보통 큰 일이 아니었다. 만지로도 바빠졌다.

비밀리에 작전을 수행해야 했다. 서쪽으로는 가나가와(神奈川)에서 동쪽으로는 교토쿠(行德), 아네가사키(姉ヶ崎) 방면까지 배를 가진 어부들의 협력을 받아야 가능한 일이었다.

이를 위해 만지로는 말을 타고 여러 포구를 돌아다니면서 지역의 유력자들을 만나 상황을 설명하고 부탁해 놓았다.

한편, 가츠와 사이고는 양군의 대표 자격으로 회담을 열었다.

"평화롭게 해결하는 것이 서로를 위하는 것이 아니겠습니까?"

회담은 순조롭게 진행되어 에도성을 내주고 쇼군 도쿠가와 요시노부는 미토(水戶)에서 근신하는 것으로 화해를 성사시켰다.

이렇게 해서 에도의 전화(戰火)는 피할 수 있게 되었다. 만지로가 배를 모을 필요도 없어졌다.

그런데 사츠마번・조슈번 연합군에 굴복하지 않으려는 막부군의 젊은 무사들이 창의대(彰義隊)를 조직해 우에노(上野) 산에서 관군과 싸웠다. 하지만 창의대는 잠시도 버티지 못하고 대패하고 말았다.

나가오카(長岡), 아이즈(會津), 센다이(仙台), 쇼나이(庄內) 등 열개의 번으로 결성된 오우에츠(奧羽越)동맹도 대패했다. 또한 하코다테에서 신정부군과 싸운 구막부군 일부도 항복해 결국 보신전쟁은 신정부군의 대승으로 끝나게 되었다.

이와 같은 동란을 겪으면서 1868년 일본은 메이지유신(明治維新)을 맞이하게 되었다.

역자주: 보신전쟁(戊辰戰爭)은 무진년인 1868년 일어난 일본조정과 막부간의 권력쟁취의 내전이다. 1867년 11월 9일 에도막부 15대 쇼군 도쿠가와 요시노부(德川慶喜)가 대정봉환(大政奉還)함으로 천황에게 국가통치권을 돌려주었다. 그러나 요시노부는 내대신(內大臣: 궁내부 대신)에 올라 제후회의(諸侯會議)를 주제하면서 정권을 계속 장악하였다. 이를 제거하기 위해 반막부 강경파들이 1867년 12월 9일 교토어소(京都御所: 황궁)를 장악하고 왕정복고에 성공한 신정부군이 조정에 막부의 정치권력을 반환하기를 요구하였다. 1868년 1월 3일 교토어소는 막부폐지·쇼군관직 및 영지몰수를 결정하고 왕정복고 대호령을 발표하였다. 이에 반발한 막부가 1868년 1월 26일에 정부군편에 있는 사츠마번의 군함이 정박해 있는 효고(兵庫)항을 공격하면서 조슈정벌에 들어갔다. 막부군은 프랑스 군사고문단의 조언아래 최신식 무기를 갖추고 15만 대병력으로 그들의 3분의 1 병력도 안되는 조슈군에 패퇴당했다. 도쿠가와 가문에 오랫동안 충성했던 오우에츠열번(奧羽越列藩)을 비롯한 31개 번들이 연합하여 신정부군에 대항했으나, 천황의 금기(金旗)와 밀칙(密勅: 밀지)을 받은 번들이 항복하는 등 연패하면서 마지막 1869년 5월 하코다데(函館)전쟁에서 막부세력을 섬멸하므로 내전이 끝났다.

37. 에도 후카가와의 시모(下) 저택을 하사받다

　메이지유신으로 막부는 사라졌지만, 도쿠카와 가문은 살아남았다. 하지만 영지가 400만석에서 시즈오카(靜岡) 70만석으로 크게 줄어 이전의 가신들을 더 이상 거느릴 수 없었다. 1868년 5월 만지로도 막부를 사임했다.
　만지로가 막부의 관직을 사임하자 도사번에서 그를 불렀다. 만지로는 에도 후카가와에 있는 스나무라(砂村)의 시모(下) 저택에 가서 에도에 파견 나와 있던 도사번 가신을 대면했다.
　"오늘 당신을 부른 이유는 다름이 아니라, 노공(老公)께서 당신을 우리 번으로 불러들이라고 명하셨기 때문이오. 영주님께서 당신을 기마무사(말을 타는 무사이며, 그 아래 도보무사가 있다)에 임명하시고 백 석을 내리셨소. 감사히 받으시오."
　"정말 황송하옵니다."
　"좋습니다. 그럼 결정된 것으로 하지요. 노공께서 기다리고 계십니다. 직접 뵐 수 있는 허가를 내리셨소. 저쪽으로 갑시다."
　도사번은 만지로의 고향이다. 야마우치 요도(山內容堂)는 도사번의 전 영주였다. 그는 가난한 어부인 만지로를 전례가 없는 무사로 등용시켜 주었던 영주였다. 지금은 신정부의 요직을 맡아 마침 에도에 와 있었다.

　만지로는 넓은 정원이 보이는 객실로 안내되었다. 일반적으로 다이묘(大名)는 에도에 공식적으로 사용하는 상(上)저택, 예비로 마련한 중(中)저택, 그리고 교외에 개인적으로 사용하는 하(下)

저택 등 세 곳의 저택을 소유하고 있었다.

"존안을 뵙게 되어 황공할 따름입니다."

야마우치 요도는 매우 기분이 좋아 보였다.

"힘들지 않느냐? 막부가 없어져서 오히려 자유롭지 않느냐? 내 밑으로 들어오너라."

"네 그렇게 하도록 하겠습니다. 그저 감사드릴 뿐입니다."

"이 정원을 어떻게 생각하느냐?"

울창한 수목, 수목을 비추는 연못, 말을 타고 달리고 싶은 넓은 들판이 눈에 들어왔다. 도사 지역 특유의 호쾌함을 느낄 수 있는 정원이었다.

"정말 놀랍습니다. 도사번의 분위기를 잘 살린 저택이라고 생각합니다. 이 연못의 깊이를 보니 보통 연못이 아닌 듯하옵니다. 저쪽에 낚싯배가 있는 걸 보니 정원이 바다로 연결된 것이 아닙니까?"

"역시 똑똑하구나. 어때! 나와 낚시를 하러 가지 않겠느냐? 에도만은 숭어·붕장어·전갱이 등이 잘 잡히지 않느냐?"

"황송하옵니다. 영주님과 낚시를 할 수 있는 것은 큰 영광이옵니다."

"겨울이 되면 연못에 청둥오리들이 온다. 곧 올 때가 되었지. 정월에는 청둥오리를 잡아 오리탕을 해먹자."

저택의 하인이 낚시 준비를 끝냈다. 배를 저어 연못에서 수로로 빠져나가자 갑자기 시야가 넓어졌다. 눈부신 바다가 눈 앞에 펼쳐졌다. 에도만은 파도가 잔잔했다.

둘은 낚시를 즐겼다. 영주 야마우치가 농어 네 마리, 만지로는 다섯 마리를 잡아 객실로 돌아왔다.

"이 저택이 마음에 드느냐?"

"천하제일이라고 생각하옵니다. 바다낚시에 청둥오리까지 사냥할 수 있다니…. 칠천 평이라 들었습니다만 생각보다 넓어서 정말 놀랐습니다."

야마우치는 만지로의 얼굴을 바라보면서 미소지었다.

"그래 마음에 든다니 나도 기쁘다. 이 저택을 너에게 주겠다."

"옛? 영주님 저를 놀리지 말아 주십시오."

"농담이 아니다. 너를 막부에 빼앗겨 도사에서 에도로 가고 말았을 때, 마치 보물을 빼앗긴 것처럼 마음이 아팠었다. 하지만 그 덕에 일본이 개국되고 지금 이렇게 새롭게 시작하려고 하지 않느냐?"

야마우치는 몸을 앞으로 숙이더니 속삭이듯이 말했다.

"나는 알고 있었다. 사람들은 고토 쇼지로의 팔책(八策)이 사카모토 료마의 계책에서 나온 것이라고 말하지만, 나는 그것이 전부터 너의 의견이었다는 것을 알고 있었다. 넌 너의 입장이 있고 해서 자신의 이름을 말하지 않았지만, 난 그 덕분에 천하에 명예를 높일 수 있었다. 이 저택은 그 포상금이라 생각해라."

"후의를 진심으로 감사드립니다. 하지만 제가 그 정도는…"

"너무 사양하지 말게. 막부가 없는 지금 에도에 저택을 세 곳이나 가질 필요가 없다. 만지로 너라면 이 저택을 잘 사용할 수 있을 거다."

"네, 알겠습니다. 영주님의 신뢰만큼 큰 영광은 없습니다. 저는 정말 행복합니다."

고개 숙여 인사하는 만지로의 눈에 눈물이 멈추지 않았다.
'이렇게까지 나를 아껴 주시다니…'

야마우치 요도는 겉으로는 입 밖에 내지 않았지만 만지로가 일본의 가장 중요한 시기에 일본이 가야 할 방향성을 잡아 준 인물이라고 보고 있었던 것이다.

게다가 잘난 체하지 않고 공훈을 자랑하지 않는 만지로의 겸손한 마음을 사랑한 것이었다.

이렇게 해서 만지로는 넓은 정원이 있는 저택을 하사받게 되었다. 그래서 만지로 가족은 시바신센좌(芝新錢座)에 있는 에가와 저택에서 나와 야마우치에게 하사받은 저택에서 13년 동안 살게 되었다. 현재 그 자리에 기타스나(北砂) 소학교가 자리 잡고 있다.

만지로는 도사번으로 돌아와 백 석의 급료를 받게 되었다. 만지로에게 주어진 직책은 우마마와리(馬廻り)였다. 이는 영주 가까이에 있을 수 있는 격식 높은 지위에 해당되는 직책이었다. 급여는 그렇게 많지 않았지만 만지로가 처음 무사로 등용되었을 때와 비교하면 5,6십 배나 많은 것이었다.

메이지유신과 근대화의 문명개화

메이지유신 초기에는 만지로의 의견을 반영한 사민(四民)평등을 내걸었지만, 결국 새로운 신분제도를 낳고 말았다. 다이묘들은 화족(華族), 무사는 사족(士族), 백성 신분인 농민·어민·공인·상인을 평민(平民)이라 불렀다. 그리고 이들 아래 계급으로 인간 취급을 받지 못하는 에타(穢多)·비인(非人) 등은 신평민이라 불렀다. 또한 이들 국민 위에 천황과 황족을 위치시켜 놓았다. 만지로가 꿈꾼 모든 국민이 차별 없이 평등하게 사는 세상은 실현되지 않았던 것이다.

역자주: 에타(穢多)・비인(非人)은 중세이후 천민 취급을 받은 계층이다. 이들은 가죽 제조, 죽은 소와 말 등의 동물을 처리하거나 죄인의 처형, 파수꾼 등 말단 경찰업무에 종사했다. 이들은 성 외곽에서 집단생활을 했다. 1871년 법제상으로는 명칭이 폐지되었지만 신평민(新平民)이라 불리며, 계속 차별을 받아왔다

1871년(메이지 4년)에는 그리스도교가 묵인받게 되었다. 문명개화의 물결은 사람들의 풍속과 습관을 빠르게 변화시켰다. 사람들은 상투를 틀었던 머리를 자르고, 1876년 3월 26일의 폐도령(廢刀令)으로 더 이상 칼을 차지않게 되었다. 어두운 등불에서 석유램프로 바뀌고, 우편제도가 생겼으며, 철도가 달리게 되었다. 이는 분명히 진보라 부를 수 있는 변화였다.

도쿄 긴자(銀座)에는 벽돌과 돌로 지은 건물과 양복을 입은 사람들의 모습이 눈에 띄었다. 벽돌 길을 마차와 인력거가 달리고, 가스등이 거리를 화려하게 밝혔지만, 만지로에게는 이 모든 것이 남의 눈을 속이려는 꿍꿍이로 밖에 보이지 않았다.

'진정한 진보는 사람과 사람 사이에 상하가 없고, 가난한 국민도 소중하게 여겨지는 나라가 아닌가?'

메이지유신, 즉 문명개화로 기분이 좋은 사람들은 당시엔 일부의 혜택받은 사람들뿐이었다.

제5부 유신의 불씨 만지로의 삶과 임종

38. 근대화를 위한 구미시찰단원이 되다
39. 제2의 고향 방문 – 휘트필드 선장님과의 해후
40. 어머니, 데몬 목사, 휘트필드 선장님 귀천
41. 구두쇠 나카하마 만지로
42. 유신의 불씨 만지로의 조용한 임종

존 만지로 관련 사진 자료 (5)

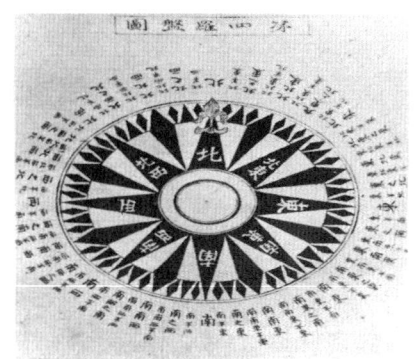
만지로가 그린 나침반

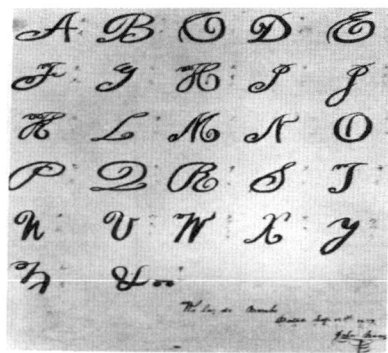
만지로가 사용한 알파벳 족자

존 만지로 자료관(John Mung Museum)

38. 근대화를 위한 구미시찰단원이 되다

1869년 메이지 정부가 들어선지 2년째가 되었다. 정부는 각 번의 훌륭한 인재들을 불러 모아 정부의 중책을 맡겼다.

만지로는 그 해 3월 도쿄대학의 전신인 가이세이(開成) 학교의 영어 교수로 임명되었다.

그런데 1년이 채 되지 않은 1870년(메이지 3년) 여름이었다. 가이세이 학교로 본디 사츠마번의 무사이던 오야마 이와오(大山巖)가 만지로를 찾아왔다.

오야마는 만지로에게 영어를 배운 제자이기도 했다. 그는 현재 메이지정부의 육군을 통솔하는 사령관이었다.

"선생님! 정말 오랜만에 뵙습니다. 오늘 선생님께 부탁드릴 일이 있어 이렇게 찾아왔습니다. 선생님께서 이번 구미시찰에 저희와 함께 가 주셨으면 합니다."

사실 만지로도 오랜만에 외국 공기를 마시고 싶었다. 가 본 적은 없지만 유럽문명은 더욱 진보된 곳이라 생각하고 있었다. 정말 가고 싶었다. 하지만 걱정이 있었다.

"이번 시찰 목적이 뭔가?"

"잘 알고 계시듯이 지난 달에 프로시아(Prussia)와 프랑스가 전쟁을 시작하지 않았습니까. 정부는 가장 진보한 전쟁법, 신식 무기·용병 사용법 등을 직접 보고 앞으로의 군비를 준비할 계획입니다. 저와 선생님을 포함해 다섯 명의 시찰단을 파견하기로 했습니다."

역자주: 프로시아(Prussia, Preussen)는 35개 군주국과 4개의 자유도시를

가진 절대군주국이었다. 1861년 빌렐름 1세(Wilhelm I, 1797~1888)가 프로이센 왕으로 즉위하였다. 그리고 철혈재상 비스마르크(Otto Eduard Leopold von Bismark, 1815~1898)를 수상에 임명하면서 1848년 5월 15일 프랑크푸르트 암마인(Frankfurt am Main)에서 통일독일 국민의회를 소집, 1849년 3월 독일국 헌법을 만들어 의결한 후, 1849년 12월 5일 프로이센 국민의회를 해산하므로 독일국이 되었다. 비스마르크가 군제개혁을 성공시켜 1864년 대 덴마크전, 1866년 대 오스트리아전, 1870년 대 프랑스전을 연전연승하면서 나폴레옹 3세를 무찌르고 빌헬름 1세가 독일제국황제(재위 1871~1888)로 점령지인 프랑스의 베르사유(Versailles) 궁전의 거울방(17개의 아치형 창문 맞은 편에 거울이 빛을 받아 휘황찬란함)에서 대관식을 치루었다.

시찰단원으로 가겠다고 대답은 했지만, 사실 부어 오른 발가락이 걱정이었다. 아픔은 참을 만했고, 곧 나을 거라 생각했었다. 하지만 부기는 계속 퍼져 최근에는 쑤시듯이 아팠다.
전쟁터를 시찰하러 가는 일이고, 많이 걸을 걸 각오해야 하는 여행이었다. 치료받고 일 년분 약도 준비해 두기로 했다.
시찰단 일정이 어느 정도 윤곽이 정해졌다. 기쁘게도 유럽보다 먼저 미국 대륙을 횡단하는 것으로 결정되었다. 그리고 뉴욕에서 영국 배로 대서양을 건너기로 했다.
'뉴욕에 간다면 페어헤이븐(Fairhaven)에 계신 휘트필드 선장님을 꼭 뵙고 싶다. 발이 아파도 참고 이번에 가지 않으면 죽을 때까지 후회할 거야.'
그런데 만지로의 발을 진찰한 의사는 고개를 갸웃거렸다.
"이건 단순히 생긴 게 아닙니다. 보통 고름의 뿌리를 제거하면 금방 낫지만 이건 좀 종류가 다릅니다. 서양에 가시는 건 무리라고 생각합니다. 발을 악화시키면 영영 걸을 수 없게 될 것입니다."

만지로는 곤란했다. 최근 발 상태가 극도로 나빠지고 있었다. 의사가 말한 것 이상으로 발가락 끝에서부터 썩어 들어가는 것 같아 왠지 무서웠다.

'해외에 가서 악화된다면 오히려 시찰단에 피해를 주고 만다.'

그래도 뉴욕에 체류할 수 있는 절호의 기회이다. 거절하고 싶지 않았다. 선장님이 계신 페어헤이븐을 방문하는 것도 꿈이 아니었다. 만지로는 마음을 다졌다.

'휘트필드 선장님 부부를 만날 수 있다면 죽을 아픔이라도 참아 낼 수 있다. 그래 더 이상 망설일 필요는 없다.'

시찰단은 다섯 명 외에 번(藩)의 명령으로 참가하게 된 두 명을 더해 일곱 명이 1870년 9월 24일 미국 기선으로 요코하마를 출발해 샌프란시스코로 향하게 되었다.

만지로는 통역관이 아니었지만 필요할 때는 통역도 담당했다. 오야마(大山)의 부관이 기차·마차 등 교통기관과 호텔을 수배하거나, 은행을 이용할 때 만지로의 도움을 많이 받았다.

요코하마를 출발한 배가 샌프란시스코에 도착하는데 24일이 걸렸다.

샌프란시스코는 이번이 세 번째 방문이었다. 골드러시 때 금을 캐러 갈 때가 처음이었다(1850년). 그리고 간린마루(咸臨丸)를 타고 두 번째 방문을 했었다(1859년).

시찰단은 10월 23일까지 5일간 샌프란시스코에서 체류하게 되었다. 그후 일행은 시카고로 가서 대륙횡단열차를 타고 10월 28일 경에 뉴욕에 도착할 예정이었다.

만지로에게는 정말 행운이었다. 영국행 배가 11월 2일에 출항하기로 한 것이다.

'이건 분명 하느님의 특별한 배려다. 내가 간절히 원하던 바였다. 시간이 부족하지만 지금 페어헤이븐으로 가자.'

발의 통증이 견딜 수 없을 정도로 아팠지만 만지로는 바로 기차시각표를 알아 봤다.

'휘트필드 선장님은 건강하실까? 어서 빨리 만나고 싶다.'

선장님은 소년 만지로를 아들처럼 소중하게 대해 주셨다. 그 따뜻한 손바닥과 자상한 눈이 뇌리에 떠올랐다.

무인도에서 만지로를 구조해 준 선장님은 미국 학교에 입학시켜 고등교육을 시키고 자유롭게 키워주셨다. 헤아릴 수 없는 은혜에 아무런 보답을 하지 못한 것이 늘 마음에 걸렸다.

'말로 감사의 마음을 다 전할 수는 없다. 그래도 이번에 내 마음을 꼭 전하고 오자.'

금을 캐러 갈 때는 그대로 귀국하게 될지 몰랐다. 그래서 제대로 인사를 드리지 못했었다. 선장님에 대한 미안함이 20년간 만지로의 마음 한 구석에 계속 남아 있었다.

다시 만나 감사의 마음을 전해야 한다고 마음 속으로 계속 생각해 왔었다.

10월 19일 이른 아침 기차로 뉴욕 역을 출발해 맨스필드(Mansfield)에서 갈아타고 뉴베드퍼드(New Bedford) 역에 내리자 해질 무렵이었다. 발이 너무 아파 페어헤이븐까지 마차를 이용했다.

39. 제2의 고향 방문 – 휘트필드 선장님과 해후

만지로는 그립던 제2의 고향의 야경을 응시하면서 추억에 잠겨 있었다. 드디어 마차가 농장에 도착했다.

문을 두드리고 사람을 불렀다. 현관에 나타난 것은 바로 휘트필드 선장님이었다. 선장님의 동공이 커지면서 놀란 기색을 보였다.

"선장님! 저, 존 만입니다."

눈을 의심하듯 쳐다보던 선장님도 뒤늦게 대답했다.

"오! 존 만! 그래 너, 내 아들 존 만이구나."

선장님은 팔을 크게 벌려 만지로를 안았다. 만지로도 선장님의 등을 감싸 안았다.

"선장님! 이렇게 다시 만나게 돼서 너무 기쁩니다."

만지로는 선장님의 어깨에 얼굴을 묻었다. 그러자 선장님의 심장 고동 소리가 느껴졌다. 눈물이 왈칵 쏟아졌.

'이 순간을 20년간 기다려 왔었다. 헤아릴 수 없는 많은 은혜를 받고서도 난… 인사도 드리지 못하고 떠나고 말았었다.'

만지로의 머리는 흰 머리가 섞이고 짙은 수염이 잘 어울렸다. 20년의 세월을 느끼게 했다.

"선장님! 너무 뵙고 싶었습니다. 그 동안 오려고 했지만…, 이제야 오게 되었습니다. 정말 죄송합니다."

선장이 어깨를 풀고 만지로의 양 어깨를 잡았다. 43세가 된 만지로의 얼굴을 가만히 쳐다보았다.

"존 만! 너 정말 훌륭하게 성장했구나. 마치 꿈만 같다."

선장이 집 안에 대고 크게 소리쳤다.

"존 만이 돌아왔다. 어서 나와 봐."

알바티나 부인이 나타났다. 만지로를 본 부인은 깜짝 놀라 걸음을 멈추었다가 달려왔다.

"어머! 정말 존 만이구나. 정말 멋진 사람이 되었구나."

부인은 만지로를 감싸 안듯이 포옹했다. 부인은 여전히 아름다우셨다.

"사모님께 큰 신세를 지고 인사도 제대로 드리지 못해 정말 죄송했습니다."

"아니다. 난 정말 기쁘다. 정말 와 주었구나."

일본으로 귀국하고자 결심할 수 있었던 것은 알바티나 부인의 조언 덕분이었다. 지금 일본은 문호를 개방해 세계의 나라들과 교류를 하고 있다.

선장 부부는 만지로를 집 안으로 데려가 17세의 장녀 알바티나와 15세의 차남 마세라스를 소개해 주었다.

만지로는 당시 미국 사회에서 귀중하게 여겨지던 비단 옷감을 선물로 가지고 왔다.

"아직 저녁 안 먹었지? 우리들은 이미 먹었어. 빨리 준비할 테니 잠시 기다려라."

부인은 따뜻한 스튜를 준비해 왔다.

만지로는 소년 시절과 변함없이 대해주시는 선장 부부의 애정에 감사드리며, 지난 날의 이야기를 하기 시작했다.

골드러시 때 금산에 금을 캐러 간 이야기, 하와이에서 귀국 준비를 하던 이야기, 어드벤처 호를 타고 귀국한 이야기를 했다. 그리고 그 후 일본의 문호개방과 일본의 변화에 대해서도 설명했다. 또한 뉴욕에는 유럽 시찰단의 일원이 되어 왔다는 것도 설명했다. 밤이 깊어도 이야기는 끝이 없었다. 단 하룻밤밖에 머물지 못했지만 20년이라는 시공(時空)이 단 한 번에 단축된 것 같았다. 선장님 부부를 만나 감사의 마음을 전달하고자 한 소원이 이루어진 하룻밤이었다.

다음 날 옛 친구들이 만지로를 찾아왔다. 알렌 선생님 자매들도 만났다. 만지로는 발의 통증도 전혀 느끼지 못했다.

선장님이 짙은 갈색 가죽표지로 된 책을 내미셨다.

"이건 너의 성서다. 혹시 몰라 잘 간직해 두었다."

"아! 그것, 저도 잊어버리지 않았습니다. 꼭 가지고 돌아가고 싶습니다."

두툼한 성경의 무거움이 정겨워졌다. 표지를 열었다.

'자신의 행복과 다른 사람의 행복을 위한 길을 여기에서 배우기를 바라며.'-존 만의 친구로부터

이 말은 소년 시절 그대로였다. 성경을 가슴에 대고 안았다. 그러자 따뜻한 행복감이 밀려왔다. 그 때는 성경을 일본에 가지고 갈 수 없었다.

만지로는 자신의 발이 악화되고 있음을 잘 알고 있었다. 이번이 휘트필드 부부를 만나는 마지막 기회가 될 지도 모른다고 생각했다. 이별할 때 66세가 되신 초로의 선장님과 깊은 포옹을 했다. 그러자 말로 표현할 수 없는 감정이 북받쳐 올랐다.

1870년 당시 일본에서 페어헤이븐에 오는 것은 쉬운 일이 아니었다. 드디어 꿈을 실현할 수 있었다. 만지로에게 이보다 더

큰 행복은 없었다.

　11월 2일 시찰단 일행은 뉴욕을 떠나 대서양을 지나 영국으로 향했다. 그리고 11월 15일에 리버풀에 상륙해 다음 날 기차를 타고 런던으로 갔다.

　런던의 신문 보도를 보니 프랑스의 수도 파리가 프러시아(프로이센) 군에게 포위당했고, 프러시아 군이 이기고 있었다.

　출발 전부터 걱정했던 만지로의 발가락 통증은 더 악화되었다. 걸을 때마다 통증으로 신음해야 했다. 런던에서 의사를 찾아갔지만 비관적인 진단을 받았다.

　"이건 금방 낫지 않습니다. 앞으로 추위가 혹독한 나라를 방문한다니 걱정이네요. 점점 추워질 테니 더 악화될 것입니다. 여행 자체가 무리라고 생각합니다. 조금이라도 걸을 수 있을 때 귀국하는 게 좋을 겁니다."

　만지로는 고민했다.

　'전황시찰 임무는 지금부터다. 발 통증을 참고서라도 책임을 완수하고 싶다. 하지만 더 악화돼 걸을 수 없게 되면, 결국 시찰단 일정에 지장을 주고 공무를 방해하는 결과를 초래하고 말 것이다.'

　만지로는 단장 오야마(大山)를 만나 사실 대로 말했다. 마음 아픈 일이지만 결국 혼자 먼저 귀국하기로 결정했다.

　12월 13일 런던에서 일행과 헤어진 만지로는 영국 배를 타고 수에즈 운하를 통과해 동쪽으로 빙 돌아 귀국했다. 요코하마에 도착한 것은 1871년 2월 26(음 1.8)일이었다.

40. 어머니, 데몬 목사, 휘트필드 선장님 별세

 1871년 3월 초, 유럽 출장에서 돌아온 만지로는 병을 이유로 가이세이 학교를 사직하고 집으로 돌아왔다.
 이 무렵 만지로가 목표로 한 일본근대화는 서양문명을 받아들인다는 면에서 보면 활기차게 진전되고 있었다.
 유럽 유학생들이 돌아와 새로운 서양학문을 전달했고, 영어를 교수할 수 있는 사람도 제법 늘었다. 하지만 사회를 근본적으로 바꾸는 근대화는 아직 이루어지지 않았다.
 역자주: 1862년 11월 2일 에노모토 다케아키(榎本武揚), 츠다 마미치(津田眞道), 니시 아마네(西周) 등이 네덜란드로 유학을 떠났다. 이들은 에도막부의 첫 유학생이었다. 계몽사상가 후쿠자와 유키치(福澤諭吉)의 『서양사정(1867)』을 통해 서양문명이 알려졌다. 최초의 여자유학생은 1871년 11월 12일 46명의 견외사절단(遣外使節團)과 유학생 57명이 미국에 파견되었을 때 따라간 츠다 우메코(津田梅子), 우류 시게코(瓜生繁子), 오야마 스테마츠(大山捨松), 요시마스 료코(吉益亮子), 우에다 테이코(上田悌子) 등 5명이다. 만지로가 유학한 것은 1843년으로 이보다 30여년이나 일렀다.

 "내가 해야 할 일은 내 나름으로 했다. 하지만 일본에 민주주의가 자리잡지 못한 것이 정말 아쉽다."
 만지로는 발의 궤양이 조금 회복되어 자택에서 영어를 가르치거나 도사번 시모다 저택에 출근하면서 시간을 보냈다.
 만지로의 나이 44세 때인 1871년 겨울 가벼운 뇌출혈을 일으켰다. 이 때문에 한동안 말이 부자연스럽고 하반신이 마비되어 집에서 누워있어야 했다. 수개월 후에 걸을 수 있을 정도로 회복되었지만 계속 요양생활을 할 수 밖에 없었다.

　병상에 누워 있자 자주 고향 생각이 났다. 이로부터 2년 정도 지난 후, 46세 때 어느 날 고향 친구인 이케 미치노스케(池道之助)로부터 편지가 도착했다. 하반신이 약해지신 어머니의 상태에 대한 내용이 편지에 적혀 있었다.

　편지를 읽고 애간장이 탄 만지로는 어머니를 뵈러 고향 나카노하마로 갔다. 어머니는 연세에 비해 특별히 아픈 곳은 보이지 않았다. 기뻐하시는 어머니는 건강해 보이셨다.

　다시 2년 뒤 48세 때인 1875년 음력 7월 26일 만지로는 마음에 걸리는 것이 있어 장남 도우이치로(東一郎)를 데리고 다시 고향으로 내려갔다.

　기차를 타고 요코하마로 가서 그곳에서 하룻밤을 숙박하고 배를 탔다. 배는 여러 번 갈아타야 했다. 바람이 강하거나 바람이 없으면 배가 출발하지 않아 며칠씩 기다려야 했다. 결국 고향 나카노하마에 도착하는데 17일이나 걸렸다. 만지로는 증기선이 보급되면 바람의 영향을 받지 않아도 될 거라 생각했다.

　"어머니! 만지로가 왔습니다."

　"그래 만지로 왔구나. 먼 길 오느라 수고했다."

　몸을 웅크리고 작업을 하고 계시던 어머니가 일어나시려다가 비틀거렸다. 도우이치로가 순간적으로 달려가 할머니를 부축했다.

　"어머니! 여름 방학이라 장남을 데리고 왔습니다. 어머니 손자 도우이치로입니다."

　"할머니! 도우이치로입니다."

도우이치로가 할머니에게 인사를 했다.

"그렇구나. 정말 멋진 청년으로 컸구나. 그래 잘 왔다."

노모는 손자를 머리부터 발끝까지 가는 눈으로 여러 번 쳐다보았다. 손자가 너무 듬직해 기뻐하는 모습이었다. 도우이치로는 당시 도쿄대학 의대생이었다.

하지만 이번에 온 것이 어머니가 살아계신 동안은 마지막 만남이 되었다.

10일 정도 어머니 곁에 머물렀지만 찾아오는 사람이 많아 바빴다. 하지만 틈을 내 배를 타고 바다로 나가 낚시를 즐겼다.

"어머니 보세요. 큰 농어를 두 마리나 잡았어요."

어머니는 잡은 물고기를 자랑하는 아들 만지로가 너무 사랑스러웠다. 하지만 이별의 순간은 어김없이 찾아왔다.

"어머니! 오래오래 사셔야 해요. 무리하지 마세요. 또 올게요."

"싫다 싫어. 이제 만날 수 없을 거 같다. 좀 더 있다 가거라."

"어머니 꼭 다시 뵈러 올게요."

"이 늙은이를 두고 가지 마라."

마지막으로 본 어머니는 생떼를 쓰는 아이처럼 울면서 아들을 붙잡았다. 어머니도 이것이 마지막 이별이라는 것을 알고 계신 듯했다.

4년 후 만지로의 어머니는 87세의 나이로 세상을 떠났다. 당시 유행한 콜레라에 걸려 돌아가신 것이다. 만지로의 수첩에 어머니가 1879년 음력 5월 27일에 돌아가셨다고 기록되어 있다.

1884년(메이지 17년) 여름 데몬 목사님이 일본을 방문하셨다. 34년 전 만지로 일행이 귀국할 때 데몬 목사님께 큰 신세를 졌었다. 또 간린마루(咸臨丸)를 타고 하와이에 갔을 때 만난 이후로 24년만이었다. 정말 기쁜 만남의 순간이었다. 하지만 다음해인 1885년 2월 데몬 목사님은 71세의 나이로 하와이에서 세상을 떠나셨다는 소식을 들었다.

　게다가 다음 해인 1886년 휘트필드 선장님도 82세의 나이로 세상을 떠나셨다. 만지로의 인생에 있어서 가장 소중한 은인들이 몇 년 사이에 계속해서 세상을 떠난 것이다.

　한편 만지로는 만년인 61세 때 다시 고래잡이 일을 하게 되었다. 1888년(메이지 21년) 정월에 중고 범선 카타리나(Catalina, 342톤)호를 구입해 6월경에 해양으로 나가 천체를 관측하고 영어로 기록한 메모가 남아 있다.
　목적지가 정해져 있었다면 항로가 직진이어야 할 터이다. 하지만 목적지가 명확하지 않았다. 때로는 오가사와라제도를 지나 남하한 적도 있었다. 노년임에도 불구하고 그의 포경에 대한 열정은 식지 않았다.

41. 구두쇠 나카하마 만지로

만지로는 장어를 좋아해 아사쿠사(淺草)에 있는 약코(やっこ: 奴, '남자하인'이라는 겸손어로 우리나라의 '마당쇠'의 뜻과 같다)라는 가게에 자주 갔다.

이 가게에는 '사와'라는 14세의 여자 종업원이 있었다. 그녀는 만지로의 열성 팬이었다.

1888년 2월 14일부터 당시 가부키(歌舞伎) 극장 신토미좌(新富座)에서 만지로의 이야기를 극으로 만들어 공연을 시작하였다. 사와는 공연을 세 번이나 보러 갔었다.

역자주: 가부키는 한자 그대로 노래·춤·연기(歌·舞·技)가 어우러진 '무용극 공연물'로 17세기부터 성행한 서민연극이다. 배우는 모두 남자이다. 여자역(おやま: 女形)을 하는데도 더 여성스러운 표현을 하고, 더 여성스럽게 분장하고 무대에 오른다. 하나미치(花道)로 연기자들이 등장·퇴장하며, 무대는 집·성·나무·바다·정원 등 대도구를 배경으로 한다. 막을 내리지 않고 회전무대로 전환하여 관객이 보는 즐거움도 제공한다. 무대 왼쪽에는 반주하는 사람인 게자(下座)가 피리·사미생·목탁·징소리로 효과음을 들려주고, 오른쪽에는 나레이터(ナレーター)인 타유(太夫)가 사설을 한다. 대사는 일본인도 알아듣기 힘들어 역사배경과 내용설명을 현대어로 풀어서 들려주기도 한다.

하지만 가게에서 만지로에 대한 소문은 좋지 않았다. 선배 종업원이 사와를 바보 취급하며 말했다.

"사와야! 너가 좋아하는 건 연극에서 만지로 역을 맡은 사단지(左団次)이지, 구두쇠 만지로 할배가 아니다."

이 이야기를 들은 가게 여주인이 주의를 주었다.

"그렇게 손님을 힘담하면 안 된다. 손님은 우리들에게 복을 가져다주는 신이란 걸 명심하거라."

그 날도 만지로는 가츠 가이슈(勝海舟)와 가계에서 만날 약속을 했다. 가츠가 먼저 도착했다.

"나카하마 만지로는 아직 안 왔는가? 하여튼 녀석은 특이한 구석이 있어. 요정에서 구두쇠 만지로로 유명하다니까."

가츠의 말을 들은 여주인이 이를 부정했다.

"당치도 않습니다. 나카하마 씨는 그런 사람이 아닙니다. 나카하마 씨는 지금 가부키 연극의 주인공이 될 정도로 사람들이 훌륭하다고 칭찬하고 있습니다. 연극에서 개국을 반대하는 사무라이들에게 둘러싸여 칼에 베일지도 모르는 장면은 실제 있었던 사실이잖아요. 아! 호랑이도 제 말하면 온다더니 막 오시네요."

가츠 가이슈('카츠 린타로'라고 부르기도 한다)와 만지로는 막부 해군을 처음 만들 때부터 함께 일해 온 사이였다. 군함교수소에서 함께 가르쳤고, 간린마루도 같이 타고 태평양을 횡단했었다. 가장 오랜 세월 친분을 맺어 온 사이였다. 그리고 이 가계는 두 사람이 자주 오는 단골 가계였다.

"너도 이제 신정부에 들어가 일을 좀 하지 그래. 머릿속에 고래로 가득 차 있으니 출세를 하겠나. 이 사람아."

"아니요. 난 속박당하지 않고 자유롭게 살고 싶습니다. 전 출세 따윈 관심이 없습니다."

"이번에 정치를 한 번 해보는 게 어때? 메이지 22년(1889)에 헌법이 제정되어 의회가 출범하게 됐네. 자네가 평소 말하던 의회 말이야. 선거로 의원이 되면 정치가가 되는 거야. 정부에 자네가 하고 싶은 말을 할 수 있는 좋은 기회가 아닌가, 어때? 내가 응원해 줄 테니. 자네는 가부키 극의 주인공이잖아. 분명히 당선될 거야."

"난 출세하고 싶다는 생각을 해본 적이 없습니다. 의원(議員)도 기질에 맞지 않습니다."

가츠는 항상 공격조로 말했지만, 만지로는 이를 시원스럽게 받아넘겼다.

"만지로! 오랜만에 먹는 진수성찬 아닌가? 식사는 제대로 하고 있나?"

"난 살아가는데 필요한 양만 먹습니다. 맛있게 먹으면 그게 행복 아니겠어요?"

그리고 언제나처럼 자리를 뜨기 전에 사와를 불러 부탁했다.

"미안한데, 이거 좀 담아 줘."

"어이 만지로! 이제 그만 좀 하지. 그러니까 사람들이 구두쇠 만지로라고 놀리잖아."

"저를 위해 그렇게 말해줘서 고맙지만 전 신경 쓰지 않습니다."

사와는 다른 가게 종업원에게서도 같은 소문을 들은 적이 있었다. 대부분 손님들은 남은 음식을 싸가지고 가는 사람이 거의 없었다.

해외에 대한 정보를 듣고 싶거나 무역상담을 원하는 사람들이 만지로를 자주 요정에 불러 대접했다.

당시 만지로에게 도움을 받아 성공한 사람들이 많았으며, 그래서 만지로는 그들과 만나 식사하는 경우가 많았다.

그때마다 만지로는 남은 음식을 종업원에게 부탁해 싸 가지고 갔다.

"남은 음식을 가져가다니…"

"나카하마 만지로 씨는 유명한 사람인데 도대체 왜 그럴까? 정말 구두쇠라니까."

요정에서는 만지로가 돌아가면 서로 이렇게 험담을 했다.

사와도 마음 속으로 그렇게 생각하고 있었다.

'나카하마 씨가 구두쇠가 아니라면 더 좋을 텐데.'

어느 날이었다. 사와는 만지로가 잊어 버리고 간 보자기를 자택에 가져다 주게 되었다. 그때 깜짝 놀랄 일이 있었다. 초라하고 더러워 보이는 거지가 만지로 집 입구에서 만지로와 이야기를 하고 있었다. 사와는 엉겁결에 몸을 숨겼다.

"일부러 인사하러 오지 않아도 되는데. 그래 고맙다. 한 여름철이니 모두 마시는 물을 조심하라고 일러라."

이렇게 말한 만지로는 보자기 하나를 거지에게 건네주었다. 쌀을 넣은 보자기 같았다.

명절이 되면 나카하마 집에 거지 두목이 꼭 인사를 하러 왔다. 사와는 이를 처음 본 것이었다.

거지는 깊이 머리를 숙이고 감사의 마음을 전한 후 돌아갔다. 그러자 집 안에서 한 여자가 나왔다.

"이렇게 자주 거지들이 찾아오면 어떡해요. 다시는 오지 말라고 하세요."

"아무리 열심히 일해도 가난에서 벗어날 수 없는 사람도 있다. 나도 원래 가난한 어부의 아들이 아니었니? 난 그저 운이 좋아 이렇게 살고 있을 뿐이야. 저렇게 살 수 밖에 없는 사람들이 정말 안타까워. 그래서 격려해 주고 싶단 말이다."

'정말 별난 사람이다.'
사와는 마치 연극을 보는 것 같았다.
만지로는 인간은 위 아래가 없다고 생각하는 사람이다.

또 어느 날 만지로가 가게 약코(やっこ)에서 식사할 때 있었던 일이다.
그날 사와는 심부름에서 돌아올 때 다리 건너에서 만지로를 봤다. 만지로는 다리 위에 서서 밑을 내려보고 누군가와 이야기를 하고 있었다.
"얘들아! 베코 있니? 여기로 올라 가라고 해라."
"와! 나카하마 님이시다."
다리 밑에서 생활하는 누더기를 걸친 남자가 다리 위로 올라왔다.
"오늘은 너희들 차례다."
"항상 이렇게 챙겨 주셔서 감사합니다."
남은 음식이 담긴 도시락 통을 건네주고는 누더기를 걸친 거지와 친하게 이야기를 나누고 있었다.
사와는 깜짝 놀랐다.
'그렇구나. 구두쇠라서 남은 음식을 싸간 게 아니었구나.'
사와는 가게로 돌아가 여주인에게 본 것을 말했다.
"정말 이상한 사람이구나. 자기가 무슨 부처님이라고."
하지만 여주인도 사와의 이야기를 듣고 가슴이 찡해졌다.
나중에 그 이야기를 들은 가츠는 크게 웃었다.
"영주님하고도 이야기하고, 거지하고도 이야기하는 녀석은 만지로 밖에 없을거다. 정말 웃기는 녀석이라니까."

42. 유신의 불씨 만지로의 조용한 임종

만년에 만지로는 도사번의 시모(下) 저택을 떠나 교바시 유미쵸(京橋弓町)의 장남 도우이치로 부부와 한 집에서 17년을 살게 되었다.

혼자 사색에 잠기면 그동안 분골쇄신(粉骨碎身)하며 살아온 과거가 뇌리 속에 영상처럼 되살아났다.

'지금은 몸 하나 제대로 간수하기 힘든 늙은이지만 옛날에 포경선을 탈 땐 나도 제법 민첩했지.'

'신천옹이 있던 무인도, 그 섬에서 고생한 건 잊을 수 없다. 이치방마루(一番丸)를 타고 조난당했을 때 정말 많은 신천옹이 있었지. 신천옹이 많아서 난 그 섬을 조도(鳥島: 도리지마)라 부르고 일본의 도리지마라고 표시해 두었지.'

'내 운명을 어떻게 말로 표현할 수 있을까? 내 운명은 하느님께서 이끌어 주신 게 틀림없어. 휘트필드 선장님이 없었다면 지금의 난 존재하지 않았을 거야. 선장님에게 배운 그 따뜻한 마음과 고상함을 본받고 싶었다.'

'귀국할 때 일본을 개국시키겠다고 분수도 모르고 설쳤던 게 부끄럽다.'

'정말 운이 좋았다. 아베 이세노카미(阿部伊勢守) 수장에게 불려가 내 의견을 열심히 설명한 것이 운 좋게 채용된 것이다.'

'어부의 아들로 태어나 해양술서적을 번역하고, 해양술을 사람들에게 가르쳤다. 또한 근대식 배 건조에도 관여해왔다. 뒤돌아보면 모두 꿈만 같은 일생이었다.'

1898년(메이지 33년) 11월 12일 따뜻한 날씨였다. 만지로는 언제나처럼 맏며느리 요시코(芳子)에게 녹차를 부탁했다. 만지로는 아침 식사로 녹차에 각설탕을 넣어 막 구워 낸 빵과 함께 먹는 것을 즐겼다.

식사를 마친 후 신문을 읽고 있을 때 손자 이토코(糸子)가 다가와 말했다.

"할아버지! 또 신문 읽으세요. 싫어요."

손자가 신문을 그만 읽으라고 신문을 잡아당겼다.

"이토코에게 신문을 빼앗기면 안 되지."

만지로도 빼앗기지 않으려고 신문을 잡아당기면서 손자와 장난을 쳤다.

그날 따라 장남 도이치로는 중요한 회의가 있어 외출해 집에 없었다.

만지로는 점심 때 좋아하는 고구마 죽을 반 사발 정도 먹고, 가족과 이야기를 나누다가 갑자기 인사불성 상태에 빠졌다.

만지로는 그대로 잠이 들어 71세로 조용히 생애를 마쳤다.

존 만지로의 일생

・1827년 1월 23일(분세이:文政 10년 음 1.1) 도사국 하타군(土佐國幡多郡) 나가노하마(中ノ浜)에서 어부의 차남으로 출생하다.

・1841년 1월 27일(텐포:天保 12년 음 1.5) 14세 나이로 견습어부가 되어 희망에 부풀어 우사우라(宇佐浦)에서 후데노죠(筆之丞), 쥬스케(重助), 고에몽(五右衛門), 도라에몽(寅右衛門)과 함께 출어하다.

・1841년 2월 5일(음 1.14) 출어 3일 째 폭풍을 만난 후 구로시오(黑潮)의 무서운 해류에 휘말려 표류 끝에 도쿄에서 남동쪽 580km 지점의 태평양 해상에 위치한 도리지마(鳥島)로 떠밀려 와서 무인도 생활이 시작되다.

・1841년 6월 27일(음 5.9) 무인도 생활 143일 만에 미국의 포경선 존 하우랜드호에 의해 극적으로 구조되어, 그해 12월 1일 호놀룰루에서 일행 4명과 헤어지고 만지로는 포경선에 남는다.

・1843년 5월 6일(텐포 14년) 미국 뉴베드퍼드 항에 입항할 때까지 존 휘트필드 선장의 호의로 2년여간 그들과 같이 생활하면서 영어를 배우고 뱃일도 배우다.

・1843년(텐포 14년, 만지로 16세) 존 휘트필드 선장의 보살핌과 주선으로 옥스퍼드 스쿨에 입학하여 졸업후, 스콘치카트넥 스쿨과 베틀렛 아카데미에서 만 3년 동안(초·중·고 과정) 열심으로 공부에만 전념하다.

・1846년 5월 16일(고카:弘化 3년, 19세) 귀국자금 마련을 위해 포경선 플랭클린호의 승무원이 되다. 나중에 1등항해사(부선장)가 되다.

・1849년 9월 22일(가에이:嘉永 2년, 22세) 포경선 플랭클린호로 출어한지 3년 반동안 조업후 뉴베드퍼드에 돌아오다. 급료 배당금 370달러로는 귀국자금이 부족하여, 마침 그 당시 캘리포니아에 금채취의 바람이 불어, 그해 12월 27일 캘리포니아로 가기 위해 샌프란시스코

행 배를 타다.
· 1850년 5월 하순(카에이 3년, 23세)부터 4개월 동안 금채취를 해 자금(600달러)이 마련되자, 그해 9월 17일 샌프란시스코항을 출항하여 하와이에 도착하다. 마침 다른 포경선을 탔던 덴죠(후데노죠)와 고에몽을 만나 귀국계획을 세우다. 출어 때 다섯명 중 쥬스케는 병으로 죽었고, 도라에몽은 하와이에 정착해서 결혼하여 목공일을 하고 있었다. 귀국을 종용했으나 도라에몽은 사양하다.
· 1850년 12월 17일 만지로 일행 세 사람이 데몬 목사와 하와이인들의 후원을 받아 류큐 상륙을 위해 마련한 어드벤쳐 보트를 사라보이드호 무역선에 싣고 호놀룰루항을 출항하다.
· 1851년 2월 3일(가에이 4년 음 1.3, 24세) 드디어 류큐의 10km 외곽 바다에서 어드벤쳐 보트를 내려 마부니 오토하마에 입항하다. 류큐왕국에서 일본입국 허가를 받기 위해 초소에서 6개월간 체류하다.
· 1851년 8월 27일 당시 사츠마(薩摩)번인 지금의 가고시마(鹿島) 관청으로 이임되어 40일 체재기간이 만료될 때까지 취조를 받으며, 번주 시마츠 나리아키라(島津齊彬)에 여러 번 불려가 미국 사정을 질문받고 이에 대답하다. 체류기간 동안 서양식 범선의 모형을 만들다.
· 1851년 10월 23일(음 9.29) 다시 나가사키(長崎) 봉행소(奉行所)로 이송되어 엄격한 취조를 받다.
· 1852년 6월 초(가에이 5년 음 6.25, 25세) 봉행소에서 8개월간 억류되었다가 풀려나 고치(高知)를 경유하여 11월 16일(음 10.5) 그리던 고향 나카노하마와 어머니 품으로 돌아오다.
· 1852년(가에이 5년 음 12.12, 25세) 막부에 의해 도사번의 영주 야마우치 요도로부터 무사로 등용되다.
· 1853년 7월 8일(가에이 6년 음 6.3, 26세) 페리함대 4척이 1차 내항하다. 아베 로쥬(阿部老中: 아베 이세노카미)로부터 에도에 부름을 받아, 9월 3일 고치를 출발, 10월 2일 도착하여 막부의 직신(直臣)이 되

다.
・1854년 2월 4일(가에이 7년 음 1.14, 27세) 페리함대 7척이 2차로 내항하다.
・1854년 3월 10일(가에이 7년 음 2.12, 27세) 단노 테츠(團野鐵)와 결혼하다.
・1854년 3월 31일(가에이 7년 음 3.3) 일미화친조약이 체결되다.
・1855년(안세이:安政 2년 음 1.16) 에가와 다로사에몽 히데타츠(江川太郎左衛門 英龍)가 사망하다. 만지로가 크게 슬퍼하다.
・1857년(안세이 4년 4월, 30세) 『보디치항해술』을 번역하여 20부를 출판하다.
・1858년(안세이 5년, 31세) 일미수호 통상조약(日米修好通商條約)이 체결되다.
・1859년(안세이 6년 9월, 32세) 『영미대화첩경』을 출판하다.
・1860년 2월 10일(안세이 7년 음 1.19, 33세) 간린마루로 도미사절단 통역을 담당, 사절단 90명이 우라가(浦賀)를 출항하다.
・1860년 5월 22일(만엔:万延 원년 음 4.4) 도미사절단의 귀국 때 간린마루호 호놀룰루에 도착하여 데몬 목사와 재회하고, 5월 25일 휘트필드 선장에게 편지를 보내다.
・1862년 1월 3일(분큐:文久 원년 음 12.4, 35세) 간린마루로 오가사와라 섬 개척을 위해 조사를 실시하다. 8월 16일(음 7.21) 아내 테츠가 25세로 병사하다.
・1864년(겐지:元治 원년 11월, 37세) 사츠마번 개성소(開成所) 교수로 부임하다.
・1866년(게이오:慶応 2년, 39세) 도사번(土佐藩)의 고치(高知) 개성관(開成館) 교수로 부임하다.
・1867년(게이오 3년 음 4.7, 40세) 가고시마 개성소(開成所) 교수로 부임하다. 10월 도쿠가와 막부가 대정봉환하다.

· 1868년(게이오 4년 음 1.3, 41세) 보신(戊辰)전쟁이 발발하다. 5월에 에도 막부에 공직을 사임하다.

· 1868년(메이지: 明治 원년 10월 22일) 에도(江戶)의 스나무라(砂村)의 시모(下) 저택을 하사받다.

· 1869년(메이지 2년 3월, 42세) 메이지 정부로부터 오늘날 도쿄대학인 개성학교(開成學校) 교수로 임명되다.

· 1870년 9월 24일(메이지 3년 음 8.28, 43세) 구미시찰단일원으로 요코하마를 출항하다. 10월 30일 휘트필드 선장과 해후하고, 1박하다.

· 1871년 2월 26일(메이지 4년 음 1.8, 44세) 발궤양으로 런던에서 귀국하여 고베(神戶)에 도착하다.

· 1872년(메이지 5년, 45세) 메이지정부가 태양력을 채용하다.

· 1873년(메이지 6년, 46세) 나가노하마에 아들과 같이 어머니를 뵈러 가다.

· 1879년 7월 15일(메이지 12년 음 5.27, 52세) 어머니가 87세로 임종하다.

· 1888년 2월 14일(메이지 21년, 61세) 만지로의 생애가 가부키에서 『도사한시하츠니노오후네(土佐半紙初荷艦)』라는 이름으로 상연되다. 6월에 포경선 카타리나호(342톤)를 타고 오가사와라 방면으로 항해하다.

· 1898년 11월 12일(메이지 31년, 71세) 개화의 선구자 만지로가 뇌일혈로 임종하다.

참고 문헌

- 中濱伝(2005), 『中濱万次郎 - 「アメリカ」を初めて伝えた日本人(미국을 최초로 전한 일본인)』, 冨山房.

- 中浜伝(1991), 『私のジョン万次郎 - 子孫が明かす漂流150年目の事実(나의 존 만지로 - 자손이 밝힌 표류 150년 째의 사실』, 小学舘.

- マーギー・プロイス, 金原瑞人訳(2012), 『ジョン万次郎 - 海を渡ったサムライ魂(존 만지로 - 바다를 건넌 사무라이혼)』, 集英社.

- 石川榮吉(2008), 『歐米人の見た開国期日本(구미인이 본 개국기 일본)』, 風響社.

- 童門冬二(1997), 『ジョン万次郎(존 만지로)』, 学陽書房.

- 井伏鱒二(1999), 『ジョン万次郎 漂流記(존 만지로 표류기)』, 偕成社.

- 半藤一利(2008), 『幕末史(막말사)』, 新潮社.

여록(餘錄)

　주인공 만지로(万次郎)는 아마 하늘이 일본을 위해 준비시킨 사람이 아닐까 하는 생각이 듭니다. 그는 도쿠가와(德川) 막부 말기에서 메이지(明治) 신정부 사이에 정치적·교육적 가교역할과 후진국 일본을 계화시킨 선구자 역할을 했습니다.

　가난한 집안을 돕기 위해 갓 14살의 어린 나이로 견습어부로 고기잡이 배를 탔다가 첫 번째 출어에서 폭풍을 만나고 무서운 흑조(黑潮)에 휘말려 한없이 표류되는 조난을 당합니다. 무인도에서 삶을 영위하며 망망한 바다를 지켜보면서 희망의 끈을 놓지 않고 최선을 다하는 소년과 그의 일행을 미국의 포경선 존 하우랜드호 선원들이 극적으로 구조합니다.

　또한 그들을 이끄는 휘트필드 선장의 훌륭한 인격에 감동하지 않을 수 없습니다. 휘트필드 선장은 인종·국적·종교적 이념을 초월한 인도주의(humanist)적 사랑으로 만지로를 자식처럼 돌봅니다. 1843년 5월 6일 오랜 포경생활에서 휘트필드 선장의 귀향으로 함께 동행한 만지로는 조금 늦은 나이지만 초·중등학교와 전문과정의 학문지식과 미국 문명을 체험적으로 보고 배웁니다.

　일본 도쿠가와 막부의 쇄국정책은 유명했습니다. 외국 배가 일본으로 함부로 들어올 수도 없고, 일본 배가 외국으로 나갈 수 없도록 배의 크기도 규제했습니다. 만지로 일행은 당시의 철통쇄국(鐵桶鎖國) 일본의 입국이 쉽지 않았던 어려운 상황에서 온갖 고생을 겪으며 귀국에 성공합니다.

　막부는 1년 6개월 동안의 만지로 일행에 대한 조사과정에서 얻은 정보로 미국과 국교를 맺을 때 많은 도움을 받습니다. 또 만지로의 지식과 재능을 알아본 막부는 국가 정치・경제가 어려운 과도기적 후진 일본을 근대화시키는데 그를 활용합니다.

  표류자로 우리나라 조선에도 만지로보다 40여년이나 앞서 우이도(牛耳島)의 홍어장수 문순득(文淳得, 1777~1847년)이 있습니다. 그가 25세 때 1801년 12월 초, 흑산도 남쪽 수백리 떨어진 태사도(太砂島)에서 홍어를 사서 귀가하던 중에 태풍을 만나, 류큐(오키나와)까지 표류하여 거기에서 8개월 동안 체류후, 귀국하기 위해 청나라로 가는 배를 탔다가 또 태풍을 만나 이번에는 여송(呂宋: 필리핀)까지 표류하여 거기서 1년여를 머무는 동안 여송어를 배우기도 합니다.

  그 후 중국의 광동성(廣東省) 마카오를 거쳐 난징(南京)을 경유, 베이징(北京)으로 갔다가 청국관리의 조사를 받은 후, 조선의 의주(義州)를 거쳐 1804년 12월 16일 한양에 도착하여 조정의 조사를 받고(조선왕조실록에 기록됨), 드디어 1805년 1월 8일 우이도에 돌아오기까지 3년 2개월 동안 각처의 문물을 경험합니다.

  조선정부가 1801년에 제주도로 조난되어온 여송 사람을 언어불통으로 표류자 처리를 9년간이나 끌어오다가, 문순득이 제주도로 건너 가서 대화합니다. 이들이 여송사람임을 알아보고 조정에 보고하여 청나를 거쳐 귀국시킨 공로로 순조(純祖 재위 1800~1834) 왕이 역관벼슬을 내리기도 했습니다.

  당시 소흑산도로 불리는 우의도에 유배되어온 정약용(丁若鏞, 1762~1836)의 형인 정약전(丁若銓, 1758~1816)에게 문순득이 이야기한 내용을 표해시말(漂海始末)로 남겨 조선사회에 알려졌으나 만지로와 같이 정부 요직에 등용되지 못하므로 그의 견문과 경험이 나라를 위해 활용되지 못했습니다.

중국인으로 미국유학생 제1호로 용굉(容閎: Yung Wing: róng hóng, 1828~1912)이 있는데, 그도 청(淸)나라 근대화에 크게 기여했습니다. 용굉은 청나라 광저우(廣州) 아오먼(澳門) 근처에 출생했습니다. 아오먼은 포르투갈(Portugal)어로 마카오(Macau)이며, 명(明)나라 12대 가정제(嘉靖帝, 재위 1521~1566) 연간인 1557년 장쑤(江蘇)·저장(浙江) 연안에 노략질을 일삼던 해적과 왜구를 포르투갈 정부가 명나라에 협조하여 토벌해주고 그 보답으로 마카오반도를 조차받아 아시아의 작은 유럽으로 개척한 자치시국입니다. 그후 1999년 12월 10일 주권이 중국에 반환되었습니다.

1807년 영국의 런던선교회에서 중국에 최초의 개신교 선교사 모리슨(Robert Morrison, 1782~1834)을 파견했을 때 도착한 곳이 마카오이며, 모리슨은 이곳에서 중국어 공부와 중국식 의식주 생활을 익히며 영화서원(서점)을 열고, 인쇄소를 경영하며 중국어성경 번역과 선교에 노력했으나, 청나라 정부의 선교금지령과 쇄국령에 묶여 선교실적은 아주 미미했습니다. 그때 세운 모리슨 아카데미(Morrison Academy)에 용굉이 7세 때인 1835년에 입학했다가 1942년 영국이 중국과의 아편전쟁에서 승리하면서 할양받은 홍콩(Hong Kong: 香港)으로 학교가 옮겨갈 때 용굉도 따라갑니다. 1847년(19세 때)까지 중등교육과정을 마치고 브라운(Samuel Brown) 목사를 따라 미국으로 건너갑니다. 처음에는 매사추세츠에서 공부하다가 1850년 브라운 목사의 추천으로 그의 모교인 예일(Yale) 대학(교정에 용굉의 유학1호 기념비가 있음)에 입학하여 1854년에 졸업하고, 이듬 해인 1855년에 조국에 기여하기 위해 귀국합니다.

그러나 용굉은 정부고위관리를 만나지 못하고 광저우미국공사관, 홍콩고등심판정, 상하이해관서기 등을 전전하다가, 1863년 안칭(安慶)을 방문하여, 중국근대화에 서양문물을 수용하려는 양무운동(洋務運動)에 가담합니다. 그때 장수(江蘇)·장시(江西)의 양강총독(兩江總督)이 된 증국번(曾國藩) 등의 신임을 얻어 중국을 개혁·개량하는 운동에 앞장섭니다. 1864년 강남제조국(중국근대공업기업)의 중책을 맡아 1865년 봄 미국으로 가서 각종 기계 100여대를 구매·운송해 와 기계학교를 세워 기계제조원리와 기술교육을 가르치며 기계화보급에 최선을 다합니다.

1871년에 미국의 앞선 문물을 배우기 위해 황제(同治帝)의 허락을 얻어 미국유학생 유아동들을 선발하여, 1872년 유학생지도 담당관으로 미국으로 인솔해갑니다. 그후 1875년에는 미국·스페인·페루 3국부대사(대사직무 대행자)로 근무할 때, 1878년 5월 29일 1,237권의 중국서적을 예일대학교에 기증하여 세계적인 한학연구자료를 가진 유서깊은 도서관이 됩니다. 그후 1894년 8월 청일전쟁이 일어나자 10월에 귀국합니다. 후일 강유위(康有爲)의 유신변법(維新變法) 운동에 가담하였다가 서태후의 정변으로 청나라 조정이 지명수배하자 미국으로 피난합니다.

지금 우리나라가 처한 정치·경제·사회에 많은 난맥상을 헤쳐 나가기 위해서는 휘트필드 선장의 박애주의 정신과 만지로의 열정과 애국심을 우리 모두 본받아 실천하기를 소망하며, 이 책을 추천하는 바입니다.

정유(丁酉) 초여드레, 立春節에
편집교열자 적음

역자 후기

　도쿠가와 막부의 쇄국정책은 아주 엄중했습니다. 막부의 쇄국은 에도막부가 시작된 1603년부터 대정봉환(大政奉還)으로 막부정치를 종료한 1867년까지의 265년 가운데 241년 동안 쇄국체제가 일관되게 이어졌습니다. 그것은 제2대 쇼군 도쿠가와 히데타다(德川秀忠, 재위 1605~1623) 통치기인 1609년에 일본인의 해외도항금지·귀국금지령이 내려졌고, 지방영주일지라도 대형선박 보유를 금지시켰습니다. 1613년에는 쇄국법령을 제정·반포합니다. 제3대 쇼군 도쿠가와 이에미스(德川家光, 재위 1623~1651) 통치기인 1624년 스페인과의 기독교 포교금지로 국교단절을 실시했으며, 막부는 1634년 6월 23일 나가사키(長崎)에 인공섬인 데지마(出島, 3996평)를 건설·착공하여 1636년에 완공하고, 히라도섬(平戶島)에 있던 네덜란드 상관과 물류창고를 이전시킵니다. 이후 명(明)나라와 네덜란드 선박만 입항시키면서 막강한 권력을 이용하여 교역을 독점하므로 막대한 이익을 챙겨 1859년 데지마상관이 폐쇄될 때까지 막부의 통치자금으로 사용합니다.

　미국은 1830년대부터 포경업이 활발했던 만큼 고래의 서식이동을 따라 대서양·인도양·태평양을 횡단하는 증기선(蒸氣船) 항로의 중간에 있는 일본으로부터의 신수(薪水: 장작과 물)·식료품(食料品, 육류·채소·과일류)·석탄 등의 보급기지가 필요했습니다. 그러나 일본의 막부는 무역선이든 포경선이든 외국선박이 들어오면 대포를 발사하는 사태로 필요한 물자를 공급받을 수 없었습니다. 그래서 미국은 일본으로 하여금 국교를 맺고

자했습니다. 당시 미국은 자국민의 생명과 재산권 보호는 물론 외교권 발동 등을 해군에게 위임·통치하고 있었습니다. 미국의 13대 대통령인 필모어(M. Fillmore, 재위 1850~1853)는 신임장(信任狀)과 국서(國書)를 동인도 함대사령관인 페리(M. C. Perry)에게 위임했습니다.

이에 페리 사령관은 1852년 11월 미국 동해안 버지니아주 남동부 노포크(Norfolk)항을 출발 동쪽으로 6개월여에 걸쳐 대서양·인도양을 횡단하고, 다음 해 1853년 5월 류큐(오키나와)의 나하에 입항한 후 홍콩으로 되돌아가 강력한 함대를 꾸려 다시 류큐를 경유하여 일본으로 옵니다. 이때는 필모어 대통령의 임기가 끝나고, 14대 플랭클린 피어스(Franklin Pierce)가 취임한 상태였지만, 그대로 신임장과 국서를 휴대하고 1853년 7월 8일 오후 5시경, 사스퀘해나(Susquehanna, 길이 78m·폭 14m, 2,450톤) 증기선이 검은 연기를 뭉게뭉게 내뿜으며, 동행한 3척의 함선인 미시시피(Mississippi, 1,692톤)·세러토가(Saratoga, 882톤)·플리머스(Plymouth, 989톤)를 대동하여 일본 간토(關東) 가나가와(神奈川)현 요코스카(橫須賀)시 남동부에 위치한 구리하마(久里浜, 여기에 페리내항 기념관이 있음)에 나타나 개항을 요구합니다.

이에 일본 막부는 나가사키 봉행소로 가서 국서를 전해줄 것을 요구하며 시간을 끌자, 페리는 공포탄을 발사하면서 위협합니다. 일본은 이런 포함외교(砲艦外交)에 굴복하여 신임장과 국서를 받고는 13대 쇼군인 도쿠가와 이예요시(德川家慶)의 건강을 핑계로 내년에 회답을 주겠다 하므로 내한 9일만인 7월 17일 돌아갔습니다. 그러나 미국은 러시아·프랑스 함대가 선점할 것을 우려하여 6개월 후인 1854년 2월 13일에 1차로 왔던 함대에 2척을 더하여 6척의 함대를 에도(江戶)만 깊숙이 입항시킵니다. 막부는 준비가 되지않은 채 시간을 끌면서 요지부동이므로 다시 3척의 함대를 추가로 투입합니다. 그러자 접견소인 요코하마에서 3월 8일부터 협상을 시작하여, 3월 31일 이들 함대의 500여명의 장교와 해군이 요코하마촌에 상륙하여 도열한 가운데 12개조의 미일화친조약(가나가와조약)을 체결(締結)하였습니다.

증기선을 알지 못했던 일본 에도막부의 굴욕적인 화친조약에 이어, 4년 후 1858년 7월 29일의 일미수호통상조약으로 쇄국일본이 근대국가로 가는 계기가 되었습니다. 이미 다른 동남아시아 국가는 유럽제국의 식민지가 되었으며, 일본은 구미를 배우고 본받아 한국을 비롯한 동북아시아 국가들에 식민지화를 폈습니다.

일본이 근대국가로 성공한 계기는 도쿠가와 막부의 세계를 읽는 노력이 있었고, 여기에 나카하마 만지로의 세계정세에 관한 조언과 선구적인 역할로 일본을 근대화시키게 된 것입니다. 아무쪼록 이 책을 통해 많은 유익을 얻기를 바랍니다.

2017년 2월
역자 씀